수능국어
백문백답

수험생의 만 개의 질문에
응답한 만 개의 명쾌한 해답!

수능국어
백문백답

이영현 지음

역락

머리말

"공부는 모르는 것을 아는 것으로 만드는 것이다."

수험생 때, 아니 지금도 유지되는 내 공부 철학이다. 아는 것만 보면 심리적으로는 안정되지만, 결국 시험장에서 아는 것은 끝까지 맞고 모르는 것은 끝까지 틀린다. 하지만 인간은 자신의 무지를 마주하기를 두려워하며 아는 것에 안주하고 싶어 한다. 게다가 우리가 모르는 것은 그리 특별하지도 않다. 내가 모르면 남들도 모르는 경우가 다반사이고 나한테 쉬운 것들은 남한테도 쉽다. 이에 출제자는 학생들이 모르는 것을 파고든다. 그러므로 가장 좋은 공부 방법은 나 혹은 남의 질문에 귀를 기울이고 이에 답할 줄 알도록 공부하는 것이다.

이 책은 대학수학능력시험 국어영역을 대비하는 수험생을 위해 쓰였다. 필자는 최근 1년 반 동안 10,140개의 질문에 답했고 그 이상으로 많은 질문들을 수없이 보고 검토하면서 학생들이 가장 궁금해 하는 질문 100개를 엄선했다. 학생들이 많이 고민하는 질문들을 골랐고 한 페이지 내로 짧게 답했다. 이 책은 차례의 질문을 보고 스스로 먼저 답을 생각한 뒤에 필자의 답변과 비교해 보며 공부하는 것이 가장 좋다.

동시에 『수능국어 백문백답』은 극강의 현장감을 담은 책이다. 실제로 사교육 인터넷 강의 업체 1위 강사님의 조교로 일하면서 받은 질문들을 그대로 넣었다. 언제까지 개념, 개념을 외치며 교과서만 100번씩 반복해서 읽을 수는 없다. 1년이라는 제한된 시간 내에 최대한 효율적으로 성적을 끌어 올리려면 현장과 맞닿아 있는 유의미한 고민을 해야 하고 답해야 하기에 수능을 대비하는 학생에게 도움이 되기를 바라는 마음에서 썼다.

공부 방법에는 정답이 없다지만 오답은 있다. 그리고 꽤나 많은 학생들은 오답을 저지르며 허리 아프게 오래 앉아 있다. 나도 재수를 포함하여 4년간 수많은 잘못된 방법으로 공부를 해서 실패했고 또 성공도 해봤다. 그래서 부디 본인처럼 안쓰럽게 시간을 낭비하며, 잘하고 있다는 착각에 빠진 학생들을 줄이고 싶다. 입시 공부는 열심히만 하면 안 되고 잘해야 하기 때문이다.

이 책은 대학교 전공 서적도 아니고 개념을 다루는 책도 아니다. 그러면서도 쓸모 있고 반짝이고 깔끔한 답변에, 개념을 함께 녹였기에 오류가 없도록 오랜 시간 검토했다. 출판의 기회를 주신 도서출판 역락, 늘 곁에서 응원해준 가족에게 감사하고 나를 가르쳐주신 경화여고 선생님들과 김민정 선생님, 김수현 선생님께 감사드린다.

무엇보다 내게 학생들과 현장감 있게 소통하며 일을 할 수 있도록 좋은 기회를 주신 김민정 선생님께 감사드린다.

2021. 06. 30.

저자 이영현

차례

— 문장

— 공부 방법과 문제 풀이

3 문학

— 운문

4 독서

5 고민 상담

― 공부

2022 예비시행 문항과 2022 6월 평가원 시험을 보면 화법은 35번부터 37번, 화법과 작문 융합은 38번부터 41번, 작문은 42번부터 45번으로 구성되어 있다.

화법과 작문의 중요한 포인트는 문제 유형 분석, 자신만의 문항별 접근법 만들기, 그리고 매일 아침 꾸준히 문제 푸는 습관이다.

이번에 '언어와 매체'를 선택하는 학생들도 1장을 읽고 화작 기출 푸는 것을 추천한다. 매체 파트에서 지문의 형태는 다르지만, 글을 힘 빼고 주며 읽는 방법, 자료 분석, 고쳐쓰기 등 유형도 유사하고 익혀야 하는 접근법도 유사하기 때문이다. 무엇보다 매체 파트는 기출문제가 없으니 화작의 도움을 받는 것이 좋다.

1
화법과 작문

Q. **'화법과 작문'과 '언어와 매체' 중 선택과목으로 무엇을 선택할지 고민이에요.**

화작과 언매 둘 다 풀어보았는데 화작에서는 하나 언매에서는 매체를 하나 이렇게 틀려서 언매를 할까 고민 중이에요! 언매를 공부하지 않고 봤기에 바꿔야 하나 싶다가도 이번에는 쉽게 나온 것 같기도 하고 이과라 수학과 과학에 많은 시간을 쏟아야 해서요. 또 6월까지는 언매를 할까 싶다가도 재수생이다보니 혹시 언매를 하지 않게 되면 그 시간이 너무 아까울 것 같아서요ㅜㅜ 언매가 더 나을까요? 아니면 화작이 더 나을까요? 둘다 6월까지는 같이 하는 것이 나을까요? -박○현

A. **본인의 상황에 더 유리한 선택과목을 정하는 것이 좋습니다.**

케이스를 분류해 볼게요.

1) 나는 문법을 잘하고 화작도 잘한다.→언매가 더 유리합니다. 매체는 화작처럼 풀면 되고 언어는 문법이니, 문법 확실하게 하면 시간도 많이 줄이고 무엇보다 표준점수 싸움에서 유리해요.

2) 나는 문법도 못하고 화작도 못한다. 그리고 다른 과목도 공부할 것이 많다.→화작이 더 유리합니다. 언매는 공부할 양이 훨씬 많아요. 그러니 다른 과목까지 공부하려면 화작 선

택하는 것이 유리해요.

3) 나는 문법도 애매하게 한 개 틀리고 화작도 애매하게 한 개 틀린다.→ 두 가지 경우로 나눕니다. 다른 과목 공부할 것이 많고 문법과 잘 안 맞으면 화작 선택하세요. 그런데 딱히 그렇지 않다면, 특히 문과라면 (문과는 공부량이 이과보다 적으니) 언매 선택하는 것이 유리합니다.

4) 나는 무조건 정시파이고 문법, 화작 실력은 비슷하다.→언매가 더 유리합니다. 표준점수에서 유리하니까요.

5) 나는 무조건 수시파이고 2등급 정도만 맞추면 되고 문법, 화작 실력은 비슷하다.→이건 하나로 확답을 내리기 어렵지만 화작을 선택하는 것이 낫겠네요. 수시는 자기소개서, 면접, 생활기록부 등 신경써야 하는 것들이 많아서 정시파에 비해 공부할 수 있는 시간이 적으니까요.

추가로 중간에 바꿀지 고민될 때, 언매에서 화작은 부담이 거의 없지만 화작에서 언매로 바꾸는 것은 부담이 큽니다. 이를 고려해서 단순히 하나의 시험 결과만을 놓고 결정하지 마시고 문제집 사서 충분히 풀어보고 결정하세요.

> ## Q. 화법과 작문의 지문을 발췌독해도 되나요?
>
> 제가 일주일에 한 번씩 모의고사 문제를 풀고 있는데요. 화법과 작문 같은 경우에는 예전에 학원 국어 선생님께서 지문을 다 읽고 문제 풀면 시간이 오래 걸린다고 그러셔서 문제 보고 지문에서 찾는 식으로 문제를 풀고 있는데, 그렇게 하니까 정확한 답도 못 찾겠고 계속 틀려요ㅠㅠ -임O희

A.

아니요! 예전 기출(2017 이전 수능)은 발췌독이 가능할 정도로 난이도가 쉽고 지문과 문제 구성이 단순했는데, 요즘은 그렇지 않아요.

최근 기출 분석해 보시면 '비문학스럽다' 라는 말이 잘 어울릴 정도로 지문의 정보량도 많고 선지의 매력적인 오답*을 구성하는 방식이 비문학과 유사하죠. 따라서 지문의 일부분만 봤다가는 조건이나 내용을 누락시킬 수 있는 위험이 아주 커요. 뿐만 아니라 실제로 시간 아껴보겠다고 발췌독하다가 오히려 문제의 선지와 지문을 계속 왔다 갔다 해서 더 헷갈리고 정신없다고 하는 학생들도 많고요.

물론 질문 유형 중에서 [A], [B], [C], [D], [E]로 섹션을 나눈 뒤 그 섹션에 한해서 발화자의 태도를 묻는 화법 문제의 경우, 읽으

---

* 학생들이 정답으로 고른 확률이 10%가 넘는 오답 선지

면서 선지 ○× 판단을 동시에 하는 것도 좋은 방법입니다. 그리고 단독 단락으로 [A]를 둘 경우 [A]읽고 바로 해당 문제 푸는 것도 괜찮습니다.

저는 문제 유형을 먼저 보고 읽으면서 동시에 풀 수 있는 문제는 읽으면서 풀지만, 그 외에는 지문을 모두 읽은 뒤에 문제를 풀었어요. 이때 화법과 작문 지문을 비문학만큼 꼼꼼히 읽으라는 것은 아니고, 정보의 경중을 따져서 빠르게 읽는 것이 좋습니다. 그 완급조절과 감은 기출로 연습하면서 체화하세요.

그리고 많은 학생들이 '선지에 나오는 부분만 읽어야 이득 아닌가?' 하는 생각을 하는데, 오히려 이러한 나쁜 습관을 노리는 매력적인 오답이 있습니다. 지문을 제대로 독해한다면 무조건 출제될 만한 부분, 오독을 주의해야 할 부분, 낚시질 포인트가 보입니다. 이건 수업을 듣고 기출을 분석하면서 익혀야 할 부분이에요.

+ 그럼에도 발췌독을 통해 시간을 줄이고 싶은 학생들을 위한 한마디 덧붙이자면, 19 수능 화법과 작문을 풀어 보세요. 본인이 볼 수능에서는 어떻게 나올지 모르지만, 19수능처럼 화법과 작문이 어렵게 나올 수도 있는데 수능을 운에 맡겨서 발췌독할 순 없겠지요^^

Q. **발췌독하는 습관은 어떻게 고치나요?**

제가 성격이 워낙 급해서 모든 과목을 문제도 빠르게 읽는 버릇이 있어요. 화법과 작문은 심지어 본문 읽기도 전에 문제부터 달려들어서 푸는데 작년 수능에서도 이래서 탈탈 털렸거든요. 올해는 절대 안 그러겠다고 다짐하고 그렇게 연습도 계속 했는데 평가원 시험만 되면 마음이 급해져서 자꾸 발췌독을 하게 돼요. 올해 수능 전까지 발췌독하는 습관을 고치고 싶은데 어떻게 해야 할까요? -조〇영

발췌독을 하는 습관은 어떻게 고칠 수 있나요? 어떤 연습을 통해 발췌해서 읽지 않을 수 있을까요? -김〇인

A. 지금 하고 있는 순서를 바꾸면 됩니다.

문제의 선지를 보고 그 말이 나온 지문을 보는 것이 아니라, 지문을 제대로 쭉 독해하고 문제를 푸세요. (발문은 질문 유형 파악을 위해 먼저 봐도 됩니다)

다짐이 참 어려운 것이, '발췌독하지 말자.'라고 하면 안 고쳐져요. 아주 독하게, '발췌독하면 앞뒤 내용을 연결 지어야 풀리는 문제는 무조건 틀리겠다.'라는 생각을 가지세요. 실제로 이렇게 연결 짓는 문제가 나올 수도 있죠.

왔다 갔다 하면서 보는 것보다 오히려 시간을 아끼고 멘탈도 잡을 수 있고요.

Q. 왜 꼭 한두 문제씩 틀리는 것일까요? 완벽하게 다 맞고 싶은데, 꼭 한두 문제씩 틀려요. 어떻게 하면 안정적으로 다 맞을까요? ㅜㅜ

9월 이전까지 문법 틀리는 건 개념이 부족해서 그러려니 해도 화법과 작문을 틀린다는 건 절대 있을 수 없는 일이었는데, 9월 평가원 이후 어찌 된 일인지 계속 교육청 모의고사나 지난 평가원 기출, 사설 모의고사 등등에서 화법과 작문을 한 문제에서 두 문제까지 틀려 버립니다.ㅜㅜㅜ '아 내가 화법과 작문을 너무 쉽게 봤나? 겸손하지 못했던 마음가짐의 문제인가?' 하고 정말 비문학 읽듯 긴장해서 읽어도 오히려 푸는 데 걸리는 시간만 자꾸 늘어날 뿐 3점짜리 보기 문제나 고쳐쓰기 문제를 자꾸만 틀리게 되네요. 어떻게 하는 게 좋을까요? 해결할 방법이 있을까요? -박○인

A. 매력적인 오답을 분석해 보세요.

'그냥' 실수해서 틀리는 문제는 없습니다.

조건을 놓친 것, 발문을 잘못 읽은 것, 마지막 문단을 대충 읽은 것, 발화자를 헷갈린 것 등등 모두 이유가 있어서 틀린 것이고 같은 이유로 또 틀릴 수 있어요.

수능에서 실수를 더할지언정, 덜하지는 않아요.

그러니 그걸 고치는 것이 실력 향상의 방법이겠죠.

오답은
1. 내가 왜 이 선지를 골랐는지
2. 왜 이렇게 생각하면 안 되는지= 왜 답이 아닌지
3. 정답은 왜 정답인지
4. 그럼 앞으로 다시는 같은 이유로 틀리지 않으려면 어떻게 해야 할지

를 해 주면 되고

1~3은 결국 4를 위한 것이니 1~3은 간단히 메모하고 4를 따로 노트에 쓰고 반복적으로 보는 걸 추천해 드려요. 4를 체화해서 수능장에서 같은 이유로 틀리지 않는 것이 목표입니다.

> **Q.** 화법과 작문 융합형을 유독 많이 틀리는데, 어떻게 풀어야 하나요?
>
> 화법과 작문에서 자꾸 틀리는데, 제가 문법에서 8분 정도 걸려서 화법과 작문에서 시간을 줄이려 하다 보니 선지를 먼저 읽고 그 근거를 지문에서 찾으면서 풀거든요. 화법과 작문 1, 2, 3번은 이렇게 해도 안 틀리는데, 4, 5, 6, 7번 융합에서 많이 깎여요. 그래서 고치려고 지문 다 읽어서 풀었는데도 자꾸만 틀리네요. 그냥 제 독해력 문제인가요? 틀린 이유를 써도 막상 실제 문제 풀 땐 안 보여요. ─김O린
>
> 기출과 사설을 병행해서 푸는 중인데, 사설을 풀기만 하면 화법과 작문에서 점수가 많이 깎여요. 4~7번에서 2~3개가 틀리기도 하고 뭐가 문제인지 잘 모르겠습니다. 어떻게 해야 할까요? ─황O연

*질문에는 [4-7]으로 나와있지만, 2022 시험부터는 화법은 35번부터 37번, 화법과 작문 융합은 38번부터 41번, 작문은 42번부터 45번으로 구성되어있으므로 [38-41]이라고 생각하면 된다.

A. 융합형에서 가장 중요한 것은 쫄지 않는 것과 지문의 관계성을 파악해서 푸는 것인데, 관계성은 지시문에서 알려주니 쫄지 않고 각 지문에 해당되는 문제를 차분히 풀면 됩니다! 반드시 기억해 주세요.

예전에는 화법 따로, 작문 따로였지만 최근 기출을 보면 화법 3 문제, 화법과 작문 융합형 4문제, 작문 3문제로 출제해요. 이러한 구성은 앞으로도 유지되겠죠. 화법과 작문의 융합뿐만 아니라, 독서와 문학의 융합, 독서와 문법의 융합, 언어와 매체의 융합, 그리고 제재 간의 융합처럼 영역 간의 융합은 트렌드이므로 잘 대비하셔야 합니다.

하지만 기출의 중요성에서 보이듯이 화법과 작문은 출제 유형과 문항이 정해져 있고 수험생은 이를 이용해서 접근법을 만들어 풀면 돼요. 융합형도 마찬가지입니다!

4문제 모두가 융합형으로 나오는 것이 아니에요. 무슨 말이냐 하면, 물론 가와 나 지문의 관계가 있어요. 그건 지시문에서 미리 알려 주니까 읽으면 돼요. 그리고 가 지문에서 최소 1문제 단독, 나 지문에서 최소 1문제 단독, 그리고 가와 나 지문을 엮어서 1문제 정도를 냅니다. 단독으로 각각 최소 한 문제인 거고 예비시행의 경우 가 지문에서 단독으로 2문제를 출제했죠.

즉 수험생은 가 지문 읽고 가에 해당되는 단독 문제와 가나 엮은 문제에서 가에 해당되는 선지를 풀고, 나 지문을 읽고 나에 해당되는 단독 문제와 가나 엮은 문제에서 나에 해당되는 선지를 풀면 됩니다.

이것은 마치 문학에서 가, 나, 다 시를 줬을 때 가 읽고 가 해당되는 문제 푸는 방식과 마찬가지이죠. ㅎㅎ

Q. **저는 고쳐쓰기를 계속 틀려요.**

작문에서 고쳐쓰기 문제를 항상 틀리는 것 같아요. 어떻게 푸는 것이
좋을까요? -이○윤

A. 고쳐쓰기 문제는 늘 '초고'로 쓰인 지문에 함께 나오는 문제입니다. 지문 위에 쓰인 지시문을 읽고 '초고'라고 써 있으면 미리 지문에서 어색하고 이상한 부분을 체크하면서 읽으세요. 초고는 수정할 부분이 있는 처음 쓴 글이라는 뜻이니까요.

반드시 문제로는 그걸 어떻게 고쳐야 좋은 글이되는지가 나옵니다. (ex 어색한 문장 삽입, 부적절한 어휘나 접속어, 부적절한 근거)

지문이 초고인지 알 수 있는 방법은, 지시문을 먼저 꼼꼼하게 읽는 거예요. 항상 지문 위에 '학생이 쓴 초고이다.' 이런 식으로 주어집니다. 그러니 지시문을 읽는 것도 매우 중요하죠.

또한 고쳐쓰기에서 자주 틀리는 이유 중 하나가, 고쳐쓰기 할 조건 하나를 누락시킨 매력적 오답을 고르기 때문이에요. 즉 조건 여러 가지가 보기로 주어지거나 지문에 녹아있을 때 이 중 하나를 누락시키는 거죠. 이러한 낚시질 패턴에 낚이지 않기 위해서는 반드시 조건을 넘버링 해야 합니다. 읽으면서 ① ② ③을 표시하고 선지에 나온 고쳐쓰기가 된 문단에서 각각 조건 어느 것을 충족시켰는지 ① ② ③ 넘버링을 하면서 ○× 판단을 하세요.

Q. 저는 토론/토의만 나오면 막혀요.

토의 토론 지문이 잘 안 됩니다. 안녕하세요. 6월 화법과 작문 테러 당한 이후 교육청 모의고사 프린트 연도별로 해서 아침마다 하나씩 시간 재고 풀고 있는데요. 한 달 가까이 해보니 시간 걸릴 때는 항상 토론, 토의 지문이 있더라고요. 그게 나오면 항상 오래 걸리는 것 같아요. 이번 7월 모의고사도 오답 노트 보니 토의 지문에서 10분이나 썼더라고요. 토론의 경우 입론과 반론, 토의 역시 주고받는 말에서 동의나 반대나 대안 등 입장이 계속 왔다 갔다 나오니까 읽는 데도 신경 쓰느라 오래 걸리고, 문제 풀 때도 찾느라 오래 걸리는 것 같더라고요. 혹시 지금 보시는 조교님께서 해보신 방법이나 이런 지문들의 경우 사용하면 좋은 방법 좀 알려주세요. -이ㅇ서

A. 토의 토론의 핵심은

1. 논제가 무엇인지 (말하고자 하는 주제)
2. 누가 무엇이라고 주장했는지
3. 누가 그 주장에 대해 찬성 or 반박했는지
4. 주장할 때 어떤 근거를 사용했는지
입니다.

많은 학생들이 1번을 놓치고 지문 따라가기에 급합니다. 1번은 지시문이나 지문 초반에 주거나, 사회자가 시작할 때 이야기합니다.

예를 들어, 2019. 9월 모의평가 4-7문항에서는

> 사회자 : 지금부터 '학생회장 선거에 결선 투표제를 도입해야 한
> 다.'라는 논제로 공개 토론을 시작하겠습니다. 먼저 찬성 측 첫
> 번째 토론자 입론하십시오.

이렇게 논제를 줍니다.

문제 풀 때 팁은,
예를 들어

① 찬성1은 -
② 찬성2은 -
③ 반대1은 -
④ 반대2은 -
⑤ 찬성1과 반대1은 모두 -

이렇게 나올 경우,
2.와 3. 사이와 4.와 5. 사이에 밑줄을 그으세요. 뒤의 내용은 맞
지만 주장한 사람을 바꿔치기하는 매력적 오답 패턴에 안 낚이는
방법입니다.
(TIP: 생활과 윤리, 윤리와 사상과 같은 문제들에서도 유용합니다.)

또한 [A], [B]와 같이 섹션으로 나뉜 문제는 읽으면서 푸세요.

Q. 저는 자료 활용을 계속 틀려요.

자료 활용 유형을 제가 잘 틀리는데 극복하고 싶어서요. 알아야 하는 팁이나 쉽게 풀 수 있는 방법이 있을까요? 이 문제에서 시간이 오래 걸려서요. -박○서

A. 일단 자료가 나오면 반드시 확인해야 하는 것은

  1. 자료의 제목: 〈〉로 자료 아래에 작게 표시된 것

  2. 그래프나 표: 가장 비중이 높은 것과 가장 비중이 낮은 것

  3. 이 자료는 결국 어떤 주장을 뒷받침하는가?

입니다.

자료 활용 문제는 자료의 제목 정도를 먼저 보고 지문을 읽으면서 '이 자료는 이게 쓰이겠네.'를 예측하면서 읽으세요. 그래야 문제로 나왔을 때 지문과 왔다 갔다 하지 않고 바로 선지 ○×판단을 할 수 있어요. 그렇게 해서 일대일 대응시키면 됩니다.

그리고 자료 활용은 자료를 보면서 이게 지문 어느 부분의 근거로 쓰일지 생각하면서 읽으세요.

TIP) 지문을 읽은 후에 자료를 분석할 때 표나 그래프의 경우, 가장 비중이 높은 것과 가장 비중이 낮은 것에 주목하세요.
낮은 것에서 높은 것/높은 것에서 낮은 것으로의 변동 추이를 묻거나, 가장 비중이 높고 낮은 것이 글의 뒷받침 근거로 쓰이는 경우가 많기 때문이에요.

Q. 화법과 작문에서 어떻게 시간을 줄이나요?

제가 화작문 시간을 아무리 노력하고 컨디션이 좋아도 15분 이내*
로 절대 되지 않아요. 문제는 거의 틀린 적이 없는데 여기서 15분에
서 많게는 18분까지 써 버리니까 뒤에 문제를 날립니다. 열심히 기
출 풀고 분석해도 실전에서 무쓸모니까 답답해요. 도와주세요 제발.
어떻게 해야 할까요? -최○

A.   2022 화작(11문제)에서 15분 정도면 괜찮습니다!

다만 시간을 줄이려면 화작은 매력적 오답에서 고민하는 시간
없이, 처음 읽을 때 글이 '비문학스러워진'만큼 생각하면서 읽어
야 하고요.

화작은 문제 유형이 정해져 있으니, 문제 유형을 어떻게 접근
할지 미리 정해두는 것이 좋아요.

ex)

1. '초고' → 고쳐쓰기 나오겠네→ 그럼 초고에서 틀린 부분 미
   리 생각하면서 읽자.

---

*   2022 시험 기준으로 화법과 작문이 11문제 출제될 경우 15분을 말한다. 이전 화작문 체제로
    는 20분 이내를 말한다.

2. 자료 활용 → 이 자료가 어느 부분에 쓰일지 생각하면서 읽자.

3. 조건 여러 개 나옴 → 넘버링해서 조건 누락하는 매력적 오답 안 낚이게 주의하자.

이렇게 생각하면서 글을 읽어야 문제도 왔다 갔다 덜하고 빠르게 선지를 지울 수 있어요. 이런 것들은 기출 분석하면서 익혀야 합니다.

또한 시간은 점진적으로 줄이세요.

처음부터 한 지문에 5분, 이렇게 바꾸지 마시고 예를 들어 원래 7분 30초가 걸렸다면 7분을 재고 그 안에 푸는 연습을 하고, 거기에 익숙해지면 6분 40초, 6분 20초, 6분……. 이렇게 시간을 조금씩 줄여서 타이트하게 연습하면 시간 단축에 도움이 많이 됩니다.

정확도와 시간을 모두 잡는 방법에 대해, 저는 "분석+양치기"가 답이라고 생각해요. 분석은 앞서 말씀드린 문제 유형에 대한 접근법과 매력적 오답에 대한 접근이고요. 양치기는 단순히 기출 문제집 한 권 다 푸는 것이 아니라, 매일 아침 8시 40분에 한 세트씩 푸는 거예요. 많이 할 필요도 없고 하루에 화법과 작문 10문제씩만 풀어도 감을 키우는 게 좋습니다. 저는 개인적으로 EBSi에서 15개년 기출과 교육청 매일 하나씩 프린트해서 풀었어요. 다양하고 새로운 문제를 접하는 데 도움이 돼요.

Q. 어이 없는 실수로 자꾸 하나씩 틀리는 건 어떻게 고쳐야 하나요?

실수로 틀리는 건 어떻게 고쳐요? 정말 답답해요. 어느 정도냐면 채점하는 동시에 '아 맞다' 하면서 정답이 뭔지 알 정도예요. 근데 문제 풀 땐 그게 안 보여서 온갖 어이 없는 이유로 틀려요. 이런 건 어떻게 해결해야 하나요? -박○현

A. 실수는 그때그때 고쳐서 실수할 가능성을 다 차단하세요.

한 가지 방법으로 실수를 다 잡을 수는 없고 저도 온갖 방법을 동원했어요. 예를 들어, 저는 '실수 노트'를 만들었는데, 반으로 접어서 왼쪽에는 어이 없게 틀리는 문제 적고(과목명, 문제) 오른쪽에는 '다시는 같은 실수를 안 하려면 어떻게 고칠지'를 적었어요. 예를 들어, 화작에서 분명 똑바로 근거를 찾았는데 선지 읽을 때 잠깐 '찬성1'을 '찬성2'로 봐서 틀렸다면 그냥 '아 실수네. 앞으로 집중하자.'하고 넘어가는 것이 아니라 선지에 나온 발화자에 괄호를 반드시 치는 습관을 들이는 거죠. (찬성1) 이런 식으로 표기를 남기면 놓칠 위험이 적어지니까요.

혹은 답 선지로 3번을 생각해 놓고 나도 모르게 숫자 2번을 써놓고 마킹하는 실수를 했다면, 다음부터 무조건 선지 3에 체크+동그라미를 하는 식으로 습관을 들여서 실수할 가능성을 다 차단하는 거예요.

그리고 실수 노트를 매일 아침 보면서 만약에 같은 실수를 또한다? 그럼 그날 저녁을 굶었어요. 자신에게 주는 가장 가혹한 벌을 줘서 다시는 안 틀리게 하는 거죠. '뭐 저렇게까지 해야 해?' 싶겠지만, 그렇게까지 해야 겨우 평소 점수 나오는 게 수능입니다.

문법이 언어로 용어가 바뀌었다. 그리고 매체 파트가 새롭게 추가되었다.

문법의 난이도가 극히 어려워지지는 않겠지만 시간+정확도 확보를 위해 꼼꼼히 공부해야 한다. 문법을 진짜 잘하는 사람들은 발문이랑 보기의 예시만 보고도 선지로 어떤 낚시질이 나올지 미리 예측한다. 그래서 선지에 휘둘리지 않고 선지를 압도한다. 그러니 평소에 공부할 때에도 모든 예문과 선지를 다 분석하고 쪼개는 연습을 해야 한다. 또한 지문형 문제에 대비해서 보기의 견해에 맞춰서 문제를 유연하게 풀 수 있어야 한다.

매체는 기출이 없어서 불안할 텐데, 시작부터 난이도를 급격히 올릴 수는 없으니 너무 불안해 할 필요 없다. 2022 예비시행과 6월 평가원을 봤을 때 매체는 지문에서 다양한 매체를 활용한 지문을 주고[ex (가)는 전통적 매체, (나)는 뉴미디어] 매체 간의 특성 비교 하나, 내용 일치 하나, 보기 문제 or 언어와 융합 문제 하나를 낸다. 그러므로 매체에 나오는 용어들을 정리해야 하고 매체 간의 특성은 미리 알아두는 것이 좋다. (ex 심미성, 시의성, 하이퍼링크와 같은 용어)
그리고 매체의 선지가 상당히 지엽적으로 나온다. 지문 전체 중 한 문장 속에서 근거가 나오니 그리 만만하게 보거나 시간을 아끼려고 대충 읽어서는 안 된다.
또한 매체 파트는 기출 문제가 거의 없다. 그러니 예비시행, 올해 평가원 문제들, 올해 교육청 문제들, 그리고 EBS 문제들을 최대한 활용하는 것이 좋다. 그리고 앞서 말했듯이 아침에 화작문 기출 하나씩 푸는 것을 추천한다.

2

언어와 매체

011 음운

> **Q.** 반모음이 하나의 음운인가요? 그럼 이중모음은 두 개의 음운이에요? 헷갈려요.
>
> 이중모음의 음운 개수는? 이중모음을 하나의 음운으로 보는 것인가요? 혹은 이중모음이 단모음+반모음이니까 두 개의 음운으로 보는 것인가요? -강○정

A. 반모음을 하나의 음운으로 본다면 이중모음은 두 개의 음운이 됩니다.

반모음을 하나의 음운으로 보지 않는다면 이중모음은 하나의 음운입니다.

반모음을 음운으로 인정할지 말지는 견해 차이가 큰 부분이라 수능 문제로 나올 경우,

보기나 제시문에서 견해를 제시하고 이 관점으로 문제를 풀라는 발문이 나올 것이니 이에 맞춰서 풀어주면 됩니다.

약 3년 전부터 ebs교재를 시작으로 '음운: 자음, 모음, 반모음'이라는 식의 명시나 반모음을 하나의 음운으로 보는 견해를 가진 지문들이 나오기 시작했고요. 일부 교과서에서도 이 견해를 소개합니다. 하지만 모든 교과서에 공통으로 나오지는 않는 부분이며, 기존 기출과의 충돌을 막기 위해 평가원 문제의 경우 보기와 제시문을 적극적으로 활용할 것이기 때문에 그 견해에 맞춰서 문제를 풀면 됩니다.

011-1   반모음과 관련된 이슈 ①

모음축약은 축약인가 교체인가?

모음축약이 교체인지 축약인지는 견해 차이가 있어요.

기존에는 축약의 입장만을 고수했습니다. 그러나 반모음을 하나의 음운으로 보는 견해의 흐름에 따라 2020 9평 11번 문제를 보면, 모음축약을 교체로 보는 입장을 소개했고 '모음축약을 교체로 본다면 무엇이 무엇으로 교체되었는가?'를 묻는 문제가 출제되었어요.

예를 들어, '가리어'가 '가려'가 되는 것을 축약으로 보기도 하고 교체로 보기도 합니다.
축약으로 보는 것은 두 개의 단모음인 ㅣ와 ㅓ가 하나의 이중 모음 ㅕ가 되었다는 뜻에서이고,
교체는 '단모음ㅣ+단모음ㅓ'이 '반모음ㅣ+단모음ㅓ'이 되므로 단모음이 반모음으로 교체되었다고 보는 것이죠.

이처럼 결과를 중시하는 입장에서는 축약으로,
과정을 중시하는 입장에서는 교체로 파악하는 견해 차이가 있으므로
어디에 속하는지를 물어보려면 하나의 견해를 보기 혹은 제시문으로 정해 주어야 합니다.

+ 만일 반모음을 하나의 음운으로 볼 경우, 교체의 입장에 힘이 더 실리겠지요. 또한 기존 기출과의 충돌을 막기 위해 음운의 축약보다는 음절의 축약으로 설명할 거예요.

11. 〈보기〉의 ㉮에 들어갈 말로 적절한 것은?

━━━━━━ 〈보기〉 ━━━━━━

선생님: 용언 어간 뒤에 '-아/어'로 시작하는 어미가 결합할 때, 단모음이 반모음으로 교체되는 음운 변동이 일어날 수 있어요. 가령, 어간 '오-'가 어미 '-아'가 결합해 [와]로 발음될 때, 단모음 'ㅗ'가 반모음 'w'로 교체되는 것이지요.
　　　우리말의 반모음은 'j'도 있으니까 반모음 'j'로 교체되는 예도 있겠죠? 그럼 용언 어간의 단모음이 '-아/어'로 시작하는 어미와 결합할 때 반모음 'j'로 교체되는 예를 들어볼까요?

학생: 네, ┌─ ㉮ ─┐로 발음되는 예를 들 수 있어요.

① 어간 '뛰-'와 어미 '-어'가 결합해 [뛰여]

② 어간 '차-'와 어미 '-아도'가 결합해 [차도]

③ 어간 '잠그-'와 어미 '-아'가 결합해 [참가]

④ 어간 '견디-'와 어미 '-어서'가 결합해 [견뎌서]

⑤ 어간 '키우-'가 어미 '-어라'가 결합해 [키워라]

출처: 2020 9월 평가원 모의고사 11번

011-2 반모음과 관련된 이슈 ②

음운의 개수는 몇 개?

음운 개수 또한,
반모음을 하나의 음운으로 볼지 말지에 대해 견해 차이가 있어서 이에 따라 달라요.

예를 들어, '가려'의 경우
반모음을 하나의 음운으로 본다면 이중모음인 'ㅕ'가 2개의 음운이므로 5개이고요.
하나의 음운으로 보지 않는다면 4개입니다.

이 또한 음운의 개수를 물어보려면 하나의 견해를 보기 혹은 제시문으로 정해 주어야 합니다.

011-3　반모음과 관련된 이슈 ③

반모음을 최소 대립쌍으로 볼 수 있는가?

최소 대립쌍은 '의미를 변별하게 하는 음운을 가진 단어들의 쌍'을 의미합니다.

반모음은 의미를 변별하게 할 수 있으나 음운으로 볼지에 따라 견해가 달라집니다.

반모음을 하나의 음운으로 본다면, 반모음을 최소 대립쌍으로 볼 수 있습니다. 예를 들어, '균'와 '군'은 '반모음 ㅣ'로 뜻이 구분되니 반모음 ㅣ를 최소대립쌍으로 볼 수 있지요.

하지만 반모음을 하나의 음운으로 보지 않는다면 최소 대립쌍 정의의 조건을 충족시키지 못하므로 반모음을 최소 대립쌍으로 볼 수 없습니다.

Q. 유음화, 비음화 외에 동화에는 또 어떤 것들이 있나요?

동화에 유음화, 비음화만 있고 구개음화는 동화 아니지 않나요?ㅠㅠ
2020. 6평인데 4번, 5번 중에 답이 없어서 4번 골랐거든요. 구개음
화가 왜 동화인가요? -김O하

14. 〈보기〉에 대한 이해로 적절하지 않은 것은?

————————————— 〈보기〉 ———————————————

ㄱ 풀잎[풀립]   ㄴ 읊네[음네]   ㄷ 벼훑이[벼훌치]

① ㄱ, ㄴ에서는 음운 변동이 각각 세 번씩 일어났군.

② ㄱ, ㄴ에서는 인접한 자음과 조음 방법이 같아지는 음운 변동
   이 일어났군.

③ ㄱ에서 첨가된 음운과 ㄴ에서 탈락된 음운은 서로 다르군.

④ ㄱ, ㄷ에서는 음운 개수가 달라지는 음운 변동이 일어났군.

⑤ ㄱ은 'ㄹ'로 인해, ㄷ은 모음 'ㅣ'로 인해 동화되는 음운 변동
   이 일어났군.

출처: 2020 6월 평가원 모의고사 14번

A.

동화는 유음화, 비음화, 구개음화, 그리고 모음동화가 있습니다. 자음동화는 유음화와 비음화입니다.

동화에서 유음화와 비음화만 떠올리는 학생들이 많은데, 구개음화와 모음동화도 반드시 기억해주세요. 구개음화가 동화 현상인 이유는 'ㅣ'나 반모음 'ㅣ'가 경구개의 영역에서 발음되는 소리이므로 'ㅣ'나 반모음 'ㅣ'에 가장 가까운 위치에서 발음되는 소리로 동화되기 때문입니다.

모음동화로는 크게 'ㅣ'모음 순행동화와 'ㅣ'모음 역행동화를 얘기합니다.

'ㅣ'모음 역행동화는 기본적으로 표준발음법이 아닙니다. 가령, 아기를 [애기]라고 발음하는 것이 있습니다. 다만 예외적으로 아예 굳어져서 표준어로 인정된 사례도 있긴 합니다. (ex 풋내기, 냄비)

또한 'ㅣ'모음 순행동화도 딱 4가지 사례만 표준발음법에 '허용'하는데요. 되어[되어/되여], 피어[피어 / 피여], 이오[이오/이요], 아니오[아니오/아니요]가 있습니다. [되어], [피어], [이오], [아니오]로 발음하는 것이 원칙이고 [되여], [피여], [이요], [아니요]로 발음하는 것을 허용합니다.

이처럼 모음동화는 예시가 한정적이라서 보기나 제시문이나 예시를 주는 경우가 많을 텐데, 반드시 이들을 활용해서 문제를 풀어주세요.

Q. '좋소, 닿소'의 음운의 변동은 '좋소-졷소-졷쏘' 이렇게 되지 않고 왜 '좋소-졷소-조쏘' 이런 식으로 마지막에 ㄷ받침이 없어지나요?

'좋소, 닿소'의 음운 변동이 '좋소-졷소-졷쏘' 이렇게가 아니고 왜 '좋소-졷소-조쏘', 이런식으로 마지막에 ㄷ받침이 없어지나요? -최○영

A.

'좋소, 닿소'에 대해서는 두 가지 견해가 있는데요,

첫 번째는 ㅎ탈락과 된소리되기가 함께 일어난다는 것입니다.
닿소 → 다소(ㅎ탈락) → 다쏘(된소리되기)

두 번째는 '받침 ㅎ'이 'ㅅ'을 만나면 둘을 합쳐 [ㅆ]으로 발음한
다는 규정입니다.

(표준 발음법 제12항의 2번 조항에서는 'ㅎ(ㄶ, ㅀ)' 뒤에 'ㅅ'이 결합하는 경우
에는 'ㅅ'을 [ㅆ]으로 발음한다고 설명하고 있으며, 이에 대한 해설에서는 "받침
'ㅎ'이 'ㅅ'을 만나면 둘을 합쳐 [ㅆ]으로 발음한다고 규정짓고 있다.)

둘 중 어느 것으로 보더라도, 받침의 ㅎ이 없어지므로
결과적으로 '[조쏘], [다쏘]'라고 발음하게 됩니다.

참고로 2018 고2 11월 학력평가의 EBSi 해설지에서 첫 번째
견해를 택하긴 했습니다만 평가원 기관과는 다르며, 평가원은 이
렇게 견해 차이가 있는 부분에 대해서는 논란의 여지가 없도록
출제할 거예요.

그러니 답변을 이해하는 정도로 알아 두시고 굳이 출제한다면
보기나 제시문으로 하나의 견해를 제시해 줄 것이니 너무 걱정할
필요는 없어요~

Q. 반모음이 하나의 모음이라고 하면 '괴+어=괘'는 축약인가요 아니면 교체인가요? 만일 9평 11번처럼 모음축약을 교체로 설명한다면, ㅙ는 무엇이 무엇으로 교체되었다고 설명하나요?

문법 이중모음 관련 한글 맞춤법에서요. '반모음이 하나의 모음이다.'라고 하면 괴+어=괘 이건 축약이에요 교체에요? 단모음이 반모음으로 바뀐 건지 아닌지 판단하려면 마지막 나는 소리로 판단하면 되는 거예요? 그러면 'ㅐ'로 소리가 나고 'ㅗ'는 반모음으로 바뀐 거예요? 근데 이렇게 되면 모음 어간에 ㅓ/ㅏ 붙은 건 대부분 교체가 돼서 축약은 없는 것 아니에요? -이ㅇ진

A. 아주 좋은 질문이에요.

이 부분에 대해서 저도 다른 전문가분들께 자문을 구했는데, 결론부터 말씀드리면 '내'는 축약으로 설명해야 합리적인 설명이 되는 예시입니다.

'괴+어→괘'에서 '내'는 반모음 ㅗ + 단모음 ㅐ인데 이걸 무엇이 무엇으로 교체되었냐? 하고 질문했을 때 답을 쉽게 내릴 수 없죠.

하지만 축약으로 본다면 쉽게 단모음 ㅚ와 ㅓ가 하나의 이중모음인 ㅙ로 축약되었다고 설명할 수 있습니다.

'뵈어→봬'도 마찬가지고요.

만일 교체로 보는 견해가 나올 경우, 보기와 제시문에서 주는 설명을 바탕으로 문제를 풀어 주세요.

Q. 냇물은 '냇물-낻물-낸물' 아닌가요? 음절의 끝소리 규칙과 비음화로 설명하면 안 되나요?

냇물은 냇물-낻물-낸물 이렇게 비음화로 봐도 되나요? -임○원

A. 안 됩니다!

사이시옷과 음운 ㅅ의 차이 그리고 단어 형성과정의 순서를 생각해 주세요!

사이시옷은 사잇소리 현상(단어 사이에 어떠한 소리가 들어감)이 일어났음을 알려주기 위해 표기로 알려 주는 것뿐입니다.
반면에 음운 'ㅅ'은 'ㅅ'이라는 소리의 가치를 지니는 소리 단위입니다.

냇물은 '내+물' 이 [낸물] 로 발음되므로,
'내'와 '물'이 합성되면서 결과적으로 'ㄴ'이 첨가되었음을 알려주기 위해 사이시옷을 표기한 것이지, 'ㅅ'이 'ㄷ'으로 'ㄷ'이 'ㄴ'으로 교체되는 것이 아닙니다.

ㄴ첨가만 일어난 겁니다.

참고로 사잇소리 현상과 관련된 보기를 잘 보고 유연하게 풀어 주셔야 합니다!

Q. ㅎ탈락 vs 자음군단순화─어떻게 구분하나요?

많이 [마니]로 발음될 때 자음군단순화인가요 ㅎ탈락인가요?
자음군 단순화와 'ㄹ' 탈락, 'ㅎ' 탈락이 헷갈려요 ㅠ_ㅠ ─최○은

물을 '끓이다─끓'에서 ㅎ탈락인데 자음군 단순화와 구별하는 법을
모르겠어요. ─좌○희

A. ㅎ탈락과 자음군단순화 모두 "탈락"의 범주에 들어가는 것은 같습니다.

그러나 둘의 차이는,
뒤에 모음이 오면 ㅎ탈락이고 뒤에 자음이 오면 자음군단순화입니다.

예를 들어,
'많이'는 ㅎ탈락이고 '많니'는 자음군 단순화입니다.

Q. 시가(媤家)[시가]와 시가(時價)[시까]는 최소대립쌍이 있다고 할 수 있나요? 만약 있다면 ㄱ과 ㄲ이 최소대립쌍인가요?

시가는 표기는 모두 '시가'지만 발음상으로는 다르므로 'ㄱ'과 'ㄲ'이 최소 대립쌍인 건가요? -문○연

A. 네!

최소대립쌍은 발음을 기준으로 생각해 주면 됩니다.

최소대립쌍은 하나의 '말소리'로 인해 뜻이 달라지는 쌍을 말합니다. 따라서 표기가 아닌 발음을 기준으로 합니다. 그러므로 시가(媤家)[시가]와 시가(時價)[시까]는 ㄱ과 ㄲ이 최소대립쌍입니다.

Q. 장단을 최소대립쌍으로 볼 수 있나요?

'시가:시가'에서 발음이 [시가]:[시까]가 되면 최소대립쌍이 'ㄱ:ㄲ'이
라고 하셨잖아요.
그런데 장단도 최소대립쌍이 될 수 있나요? 예를 들어서 우리 신체의
일부인 '눈'과 내리는 '눈'은 소리가 장단으로 구분되잖아요. [눈], [눈ː]
이렇게요. 만약에 이게 최소 대립쌍이 된다면 뭐랑 뭐가 대응되는 건
가요? [ː]만 다른 것 같은데 'ㄱ'과 'ㄲ'처럼 대응이 되나요? –박○림

A. 최소대립쌍은 '의미를 변별하게 하는 음운을 가진 단어들의 쌍'을 의미하는데, 일반적으로 음의 장단이나 억양과 같은 운소를 최소대립쌍으로 보지는 않습니다.

견해 차이가 있는 부분이라 문제로 나올 경우,
제시문이나 보기에 주어진 견해를 따라 문제를 풀어 주세요.

Q. 음가 없는 ㅇ vs 음가 있는 ㅇ 구별하는 법

음절의 첫소리에 'ㅇ'이 올 때 이 'ㅇ'이 음가가 있는지 없는지 어떻게 구별하나요? -신○재

A. 초성에 오는 'ㅇ'은 '음가 없는 ㅇ'이고, 종성에 오는 'ㅇ'은 '음가 있는 ㅇ'입니다.

예를 들어, '우유'는 'ㅜㅠ'와 발음이 같죠? 즉 이때 오는 'ㅇ'은 음의 가치가 없다는 거예요.

하지만 '궁' 과 '구'는 발음이 다르죠? 즉 이때 받침에 오는 'ㅇ'은 음가가 있다는 뜻입니다.

- -

\+ 참고로 '음가 없는 ㅇ'은 음운이 아니므로 음운의 개수를 셀 때도 포함되지 않아요. 그러니까 연음만 일어나면 음운의 개수에 변동이 없는 거예요. 애초에 연음은 음운의 변동에 해당하지도 않고요. ex 하늪이[하늘히]는 음운 개수의 변동이 없다 (○)- 실제 기출 선지

020

Q. 음가 없는 'ㅇ'도 최소대립쌍이 될 수 있나요?

'음가 없는 ㅇ'은 하나의 음운이라고 선생님께서 강조하셨는데, 복습 과정에서 의문이 생기는 부분이 있어 질문 드립니다. 최소대립쌍에서 '아'와 '하'를 예시로 들면, '아'는 음운이 1개이고 '하'는 2개잖아요. 음운의 개수가 완전히 다르니 이 둘을 비교할 수 없고 결론적으로 최소대립쌍이 될 수 없다고 봐야 할 것 같기도 하고, 그럼에도 최소대립쌍의 예시들과 유사한 형태이므로 최소대립쌍으로 볼 수 있는지 궁금합니다. -차ㅇ현

A. 아니요!

'최소대립쌍'은 '의미를 변별하게 하는 음운을 가진 단어들의 쌍'을 의미해요. 그런데 음가 없는 'ㅇ'은 음운이 아니므로 최소대립쌍이 될 수 없어요.

Q. 음절말 평파열음화 vs 자음군단순화 vs 음절의 끝소리 규칙

음절의 끝소리 규칙과 음절말 평파열음화가 헷갈리는데 음절의 끝소리 규칙 안에 음절말 평파열음화가 있는 건가요? 아니면 음절의 끝소리 규칙=음절말 평파열음화인가요? -유○연

A.

음절의 끝소리 규칙은 종성에서 'ㄱ, ㄴ, ㄷ, ㄹ, ㅁ, ㅂ, ㅇ' 7개 소리만 발음되는 것을 말하며, 음절말 평파열음화는 홑받침에서 'ㅅ, ㅋ, ㅍ, ㅌ, ㅎ, ㄲ, (ㄸ), (ㅃ), ㅆ, (ㅉ)'이 'ㄱ, ㄷ, ㅂ'으로 발음되는 것을 말합니다. 자음군단순화는 두 개의 음운인 자음군에서 하나의 음운을 탈락시키는 현상입니다.

보통 음절의 끝소리 규칙을 상위개념으로 놓고 그 아래에 음절말 평파열음화와 자음군단순화를 얘기합니다.

다만 교체냐 탈락이냐 등 개념과 범주가 다르니까 무조건적 암기 이전에 문제의 예문, 보기를 바탕으로 풀어주세요~ 예를 들어, 음절의 끝소리 규칙과 음절말 평파열음화는 교체이며 자음군단순화는 탈락입니다.

11. 〈보기〉의 표준 발음 자료를 탐구한 내용으로 적절하지 않은 것은?

〈보기〉

표준 발음법 제8항 받침소리로는 'ㄱ, ㄴ, ㄷ, ㄹ, ㅁ, ㅂ, ㅇ'의 7개 자음만 발음한다.
해설 이 조항은 @ 받침 발음의 원칙을 규정한 것이다. 어말이나 자음 앞에서 모든 받침은 제시된 7개의 자음 중 하나로만 발음할 수 있을 뿐이다. 이 원칙을 지키기 위해 두 가지 음운 변동이 적용된다. 하나는 ⊙ 자음이 탈락되는 것이고 다른 하나는 ⓒ 자음이 다른 자음으로 교체되는 것이다.
표준 발음 자료
읽다[익따], 옮는[옴ː는], 닦지[닥찌], 읊기[읍끼], 밟는[밤ː는]

① '읽다[익따]'는 @를 지키기 위해 ⊙이 적용되었다.
② '옮는[옴ː는]'은 @를 지키기 위해 ⊙이 적용되었다.
③ '닦지[닥찌]'는 @를 지키기 위해 ⓒ이 적용되었다.
④ '읊기[읍끼]'는 @를 지키기 위해 ⊙, ⓒ이 모두 적용되었다.
⑤ '밟는[밤ː는]'은 @를 지키기 위해 ⊙, ⓒ이 모두 적용되었다.

출처: 2015 대수능 B형 11번

Q. 상호비음화는 음운의 변동이 한 번 일어난 건가요? 아님 두 번
일어난 건가요?

상호비음화는 음운의 변동이 두 번 일어났다고 해야 하나요? 섭리
나 백로 같은 거요! -김O지

A. 두 번입니다.

예를 들어, '섭리'의 경우 '섭리-섭니-[섬니]' 로, 비음화가 두 번
일어났다고 봅니다.

Q. **연음은 음운의 변동으로 안 보나요? 그럼 연음 후에 일어난 변동은요??**

'넋이→넉씨' 이렇게 'ㅅ'이 연음될 때는 연음 후에 된소리로 발음되는데, 이런 경우에서는 연음 후에 된소리되기가 적용되었으므로 음운의 변동이 된소리되기 한 번만 일어난 건가요? -이○섭

A. 네! 연음은 음운의 변동에 해당되지 않습니다. 연음 후에 일어난 변동만 음운의 변동에 해당됩니다.

그러므로 넋이[넉씨]의 경우, 넋이→넉시(연음)→넉씨(된소리되기) 과정을 거쳤으며 일어난 변동은 교체 한 번이 됩니다.

+ 〈연음에 대한 추가 설명〉

연음은 뒤에 모음으로 시작하는 형식 형태소가 올 때 앞의 받침이 뒤로 옮겨 가는 건데요, 그렇다면 질문!

뒤에 모음으로 시작하는 실질 형태소가 온다면? 그땐 앞의 받침에서 음절의 끝소리 규칙이 일어난 후에 연음됩니다.

예를 들어, '옷이'는 [오시]이지만, '옷 위'는 [오뒤]로 발음되죠. 왜냐하면 '이'는 형식 형태소이지만 '위'는 실질 형태소이기 때문이에요.

따라서 '옷이'는 바로 연음되지만, '옷 위'는 'ㅅ'이 'ㄷ'으로 교체된 후에 연음됩니다.

Q. 비음화 vs ㄴ첨가 구분

'잇몸'과 '콧날'의 경우 발음할 때 ㄴ이 첨가되는 현상이라고 하셨는데, 비음화랑 ㄴ첨가 중 ㄴ첨가에 해당되는 건가요? -이○연

A. 네, 맞습니다!

잇몸과 콧날에 있는 ㅅ은 사이시옷으로,
이+몸, 코+날이 합쳐질 때 ㄴ이 첨가되었음을 알려주기 위한 '표기'이므로

음절의 끝소리 후 비음화 과정이 아니며, 사잇소리 현상 중 ㄴ첨가에 해당됩니다.

참고로 사잇소리 현상과 관련된 보기를 잘 보고 유연하게 풀어 주셔야 합니다!

- -

+ 어문규정 제30항에 따르면 다음과 같은 경우에 사이시옷을 표기합니다.

① 뒷말의 첫소리가 된소리로 나는 경우
바다+가→[바다까]→바닷가

② 뒷말의 첫소리 'ㄴ, ㅁ' 앞에서 'ㄴ' 소리가 덧나는 경우
코+날→[콘날]→콧날
비+물→[빈물]→빗물

③ 뒷말의 첫소리 모음 앞에서 'ㄴㄴ' 소리가 덧나는 경우
예사+일→[예: 산닐]→예삿일

> **Q.** **어근과 어간은 어떻게 구분하나요?**
>
> '달려'에서 '달리-'는 어간 아닌가요? 어간은 원형에서 '-다'의 앞부분이니까 원형 '달리다'에서 '달리-'는 어간 아닌가요? 그리고 '달'이 어근 아닌가요? -이○미
>
> '새롭다'의 어근이 왜 '새'인지 잘 모르겠어요. -고○연

A.   용언은 기본적으로 어간+어미로 구성되어 있어요.

어간은 용언에서 쓰이는 개념으로, 활용할 때 변하지 않는 부분입니다. 어미는 변할 수 있지만, 어간은 변하지 않는 부분입니다. 그리고 어근은 의미의 뿌리, 즉 핵심적인 의미를 담았다는 뜻입니다.

용언 내에서 어간과 어근을 비교하자면
솟다→솟아, 솟아서, 솟으니... 그럼 '솟'이 안 변하는 부분이니 어간이고
'솟'이 up이라는 핵심 의미를 가지므로 동시에 어근이 됩니다.
'솟-'이 어간이자 어근이죠.

치솟다→치솟아, 치솟아서, 치솟으니.. 그럼 '치솟-'이 안 변하는 부분이니 어간이고 핵심 의미를 가지는 건 '솟-' 이죠?
'치-'는 그저 위로라는 의미를 보조적으로 더하는 접사일 뿐이고요.
따라서 어근은 '솟-', 어간은 '치솟-'이 됩니다.

이처럼 용언을 활용해서 변하지 않는 부분은 접사+어근의 어간, 용언에서 의미의 뿌리 부분은 어근입니다.

- -

+ 만일 접사가 없을 경우, 어근이 곧 어간입니다.

Q. **'-기'는 명사형 어미도 있고 명사화 접사도 있는데 둘은 어떻게 구분하나요?**

명사형 전성어미랑 접사 구별 방법 상세하게 설명해 주실 수 있나요? -강○린

A. 서술성이 있으면 전성어미, 서술성이 없으면 접사입니다.

명사형 전성어미는 품사를 바꾸지 않지만, 명사화 접사는 품사를 명사로 바꿉니다. 따라서 용언에 명사형 전성어미가 붙는다면 그 서술성을 계속 유지하지만, 명사화 접사가 붙으면 서술성을 잃습니다.

서술성을 유지하면 주술 관계가 성립하지만,
서술성을 잃으면 주술 관계가 성립하지 않지요.
따라서 서술성의 유무로 판단해 주면 되는데요,
쉽게는 '-다'를 붙여서 말이 되면 전성어미, 그렇지 않으면 접사라고 판단해 주면 됩니다.

ex 나는 빨리 달리기를 잘한다.
 → 나는 빨리 달리다 (o) → 이때 '-기'는 전성어미
달리기 대회가 열렸다.
 → 달리다 대회 (×) → 이때 '-기'는 접사

Q. 접사도 의미를 가지는데 왜 실질 형태소가 아닌 형식 형태소인 가요? 예를 들어, '풋사과'의 '풋-'도 '덜 익은'이라는 뜻이 있잖 아요.

접사는 형식 형태소라고 하셨는데 '풋-' 같은 접두사도 있으니까 실 질 형태소는 안 되나요? -정O원

A. 일단 접사가 의미를 아예 안 갖는 것은 아닙니다. 접사 정의 자체가 '뜻을 더하거나 문법적 기능을 하는 것'이니까요.

다만 실질 형태소와 같이 그 부분의 핵심 의미를 갖지 않으며, 어근이나 어간의 의미에 '더해 주는' 의미를 가지기 때문에 실질 형태소라기보다는 형식 형태소로 보는 것입니다.

조사, 어미, 접사는 형식 형태소! 이렇게 암기해 두면 편합니다^^

Q. 직접구성성분 분석이 무엇인가요? 그리고 왜 짓밟히다는 짓/
밟히다가 아니라 짓밟/히다로 먼저 나뉘는 건가요? 1차로 무엇
으로 분석되는지 어떻게 알죠?

문법에서 단어를 직접구성성분으로 나눌 때 기준이 있는 건가요?
저는 '짓밟히다'가 '짓-'과 '밟히-'로 나뉜다고 생각했는데 답은 '짓
밟-'과 '-히-'로 나뉘더라고요. -김〇형

A. 형태소 분석 시 직접 구성 요소 분석(IC)은 복합어의 층위를 구분 짓는 것입니다. 그러므로 평면적 분석이 아닌 층위를 나누어 살펴보는 것이 적절합니다.

또한 '짓/밟히'가 아니라 '짓밟/히'로 먼저 분석하는 이유는 '짓-'이 접사이므로 '짓밟다' 자체가 하나의 새로운 단어이고, 거기에 '-히-' 라는 접사가 붙은 것이기 때문이에요.
직관적으로 보더라도 '짓밟-+ -히-'로 먼저 분석하고요.

무엇으로 먼저 나뉘는지는 단어가 어떻게 형성되었는지 따져보시면 됩니다! 사실 직관적인 판단이 매우 중요한 부분인데요,

예를 들어 '놀이터' 를 보면 '놀-+-이터' 라고 분석하지 않고 '놀이+-터' 라고 분석한 뒤에 '놀이' 가 '놀-+-이'로 분석된다고 하죠? 이처럼 직관적인 판단과 함께 단어의 형성 과정 생각해서 단어를 어떻게 우선적으로 쪼갤 것인지 따지시면 됩니다!

Q. **불규칙 활용 vs 형태론적 이형태**

이형태는 하나의 형태소가 환경에 따라 모습을 달리 하는 거잖아요. 그러면 불규칙 활용에 해당하는 예들은 형태론적 이형태라고 할 수 있나요? '이르러'와 '일러' 모두 '-어'라는 동일한 어미(동일한 형식형태소)가 붙었지만, 형태가 다르니까요. 활용은 단어의 형성과는 관련이 없으니 이형태를 고려하지 않아도 될 것 같으면서도, '하였다'가 형태론적 이형태의 예시이고 여 불규칙의 예시로 '공부하여'가 나와서 헷갈립니다. -김O찬

A. '이르러'의 러 불규칙도 이형태로 볼 수 있어요.

형태론적 이형태란 하나의 형태소가 다른 환경에서 다른 모습을 띠는 형태소를 말하고, 음운론적으로 설명될 수 없는 것들을 말합니다.

예를 들어, 과거 시제 선어말 어미 '-였-'의 경우, '-었-'이 기본 형태이지만 특별히 '하-' 어간 뒤에는 '-였-'으로 바뀌게 되는데 이때 '-였-'과 '-었-'이 형태론적 이형태이고요.

또한 명령형 어미 '-너라'의 경우, '-어라'가 기본 형태이지만 특별히 '오-' 뒤에서만 '-너라'로 바뀌게 되는데 이때 '-너라'도 형태론적 이형태입니다.

따라서 용언의 불규칙 활용 중 '여' 불규칙, '러' 불규칙, '오' 불규칙 등이 형태론적 이형태 관계에 있다고 볼 수 있습니다.

Q. **서술격 조사 활용형은 어떻게 형태소 분석을 해야 하나요? 예를 들어, '였다'에서 '-었-'은 뭔가요? 과거형 선어말 어미라고 하기에는 어미는 용언에서만 쓰이는 개념 아닌가요?**

'친구가 내게 준 선물은 장미였다.' 문장에서 질문이 있습니다. 여기에서 '장미였다'는 '장미+이+었+다'인데 이때 '장미'가 서술격 조사 '이다'와 결합한 것인데 그러면 '었'은 무엇인가요? 처음에 공부할 때에는 과거형 선어말 어미라고 생각했는데 복습하면서 장미는 명사인데, 명사는 어미와 같이 쓰일 수 없고 어미는 어간이랑 같이 사용할 수 있는 것이어서 말이 안 된다는 생각이 들어서요. 서술격 조사 '이다'를 어미로 보는 것인가요? -김○찬

A. 이때 '-였다'는 서술격 조사의 활용형이며, '-었-'은 과거 시제 선어말어미입니다.

학생 말대로 어미는 용언에서만 쓰이는 개념이에요. 하지만 서술격 조사가 예외적으로 용언과 같이 활용이 가능하다는 점에서 어미가 붙어 활용될 수도 있습니다.

학생의 주장과 같은 이유로 '이다'를 무엇으로 볼지에 대한 견해 차이가 있지만, 학교문법에서는 서술격 조사로 보고 있으니 답변처럼 알아 두시면 됩니다.

Q. '이곳은 꽃이 예쁘게 피었다.'에서 '이곳은'이 부사어고 '꽃이'가
주어이고 '피었다'가 서술어라고 말할 수는 없는 건가요?

'이곳은 꽃이 예쁘게 피었다.'에서 '꽃이'가 주어이고 '피었다'가 서술
어라고 말할 수는 없는 건가요? 된다면 그때 '이곳은'은 어떻게 처리
해야 하나요? 주어는 문장에서 주체가 되는 말인데 이곳이 핀 게 아
니니까 '이곳은'이 주어이고 피었다.'가 서술어인 것은 이해가 안 돼
요. -정○민

A. 현재 학교문법을 기준으로 설명하자면, '이곳은'이 주어이고 '꽃이 피었다.'는 서술절입니다.

만약 학생 말대로 '꽃이'를 주어로 본다면 '이곳은'을 부사어로 본다는 건데,
부사격 조사는 생략이 어렵기 때문에 '이곳은'처럼 격조사가 생략되고 보조사가 붙은 경우 주격조사가 생략되고 보조사가 붙은 것으로 보아 부사어가 아닌 주어로 보는 것이 적절합니다.

그랬을 때 서술어 부분은 '꽃이 피었다'가 되고, 절의 형태이므로 서술절이 되는 거죠. 따라서 '꽃이'는 서술절의 주어가 됩니다. 안은문장의 주어는 '이곳은'이고요.

다른 예로, '나는 빵이 좋다.', '나는 빵이 맛있다.', '나는 빵이 싫다.' 와 같은 경우에도 '나는'이 전체 안은문장의 주어, '빵이 좋다', '빵이 맛있다', '빵이 싫다'가 서술절입니다.

+ 같은 이유로 만약 '이곳에는 꽃이 예쁘게 피었다.'라는 문장이라면 '이곳에는'이 부사어이고 '꽃이'가 주어가 되었겠죠. '에'가 부사격 조사이니까요.

Q. 보어 vs 필수적 부사어

강의에서 '탁자가 나무로 되다.'에서 나무로는 '이/가'가 아닌 부사격 조사 '로'가 붙어서 필수적 부사어라고 말씀하셨습니다. 그리고 '선생님이 프링글스 머리도 되다.'에서 '프링글스 머리도'가 보조사 '도'가 붙었긴 하지만, 결국 문장 성분은 보어라고 말씀하셨습니다. 위의 예문의 상황에서 '나무로'나 '프링글스 머리도'에서 '로'는 부사격 조사고, '도'는 보조사이기 때문에 둘의 문장 성분이 다른 것인가요? -임O주

'물이 얼음으로 되다'라는 표현에서는 '얼음으로'가 보어가 아니잖아요. 왜냐하면 보어는 '되다/아니다' 앞에 오는 '이/가'가 붙은 말이니까요. 그런데 '그는 사람도 아니다.'라는 문장에서는 '사람도'가 보어라고 하셨는데 이때 '도'가 보조사이기 때문에 보조사가 올 때는 원래의 문장 성분으로 파악해야 하기 때문이잖아요. 그러면 '물이 얼음으로 되다.'라는 문장에서도 '으로'도 보조사로 보면 보어가 될 수 있는 건데 보조사를 어떻게 구별하는 건가요? -현O원

A.
보어는 보충하는 단어라는 뜻이고 필수적 부사어는 서술어가 반드시 필요로 하는 부사어이죠?

1)물이 얼음이 되다. → '얼음이'는 보어

2)물이 일음으로 되디. → '열음으로'는 필수적 부사어

3)물이 얼음도 되다. → '얼음도'는 보어

입니다.

격조사는 단어에게 자격을 주므로 문장 성분을 결정합니다.

1)은 서술어가 become의 의미인 '되다'이고 '얼음이'는 이때 '이'가 보격조사이므로 '얼음이'는 보어입니다.

2)는 '되다'가 보어 혹은 필수적 부사어를 반드시 필요로 하는 서술어인데, 이때 '으로'가 부사격조사이므로 '얼음으로'는 필수적 부사어입니다.

3)은 '도'가 보조사인데, 보조사는 문장 성분을 결정하지 않습니다. 이에 '이'라는 보격조사가 생략되고 보조사 '도'가 붙은 것으로 보아 '얼음도'는 보어가 됩니다.

이때 학생들이 많이 하는 중요한 질문은,

> "왜 부사격조사 '으로'가 생략되었다고 보면 안 되나요? '얼음도'를 필수적 부사어로 볼 수는 없나요? 격조사가 아니라 보조사가 붙었을 때는 어떤 문장 성분인지 어떻게 구별하나요?"

입니다.

학교문법에 따른다면, '으로'가 생략되었다고 볼 수 없습니다. 부사격 조사는 생략이 어렵기 때문입니다. (이 얘기는 앞서 9번과도 연결됩니다.)

Q. "계획 세우기가 되다."도 '되다' 앞에 '가'가 오는 단어인데 왜 '계획 세우기'는 보어가 아닌가요?

'계획 세우기가 제대로 되다.' 문장에서 서술어가 '되다'이기 때문에 '계획 세우기'가 보어 역할을 해야 하는 것 아닌가요? '되다/아니다' 앞에 오는 '이/가'가 붙은 성분이 보어가 된다고 알고 있는데 왜 저 문장에서는 보어가 아닌 주어일까요? -이○지

11. 〈보기〉의 ⊙~⑩과 관련된 설명으로 적절한 것은? [3점]

─── 〈보기〉 ───

주기적으로 운동하기가 ⊙건강의 첫걸음이다. 그것을 꾸준하게 ⓒ실천하기 ⓒ원한다면 제대로 ⓔ된 계획 세우기가 ⑩선행되어야 한다.

① ⊙이 서술어인 문장에서 명사절이 주어 기능을 하고 있다.
② ⓒ이 서술어인 문장에서 명사절이 목적어 기능을 하고 있다.
③ ⓒ이 서술어인 문장에서 명사절이 부사어 기능을 하고 있다.
④ ⓔ이 서술어인 문장에서 명사절이 보어 기능을 하고 있다.
⑤ ⑩이 서술어인 문장에서 명사절이 관형어 기능을 하고 있다.

2020학년도 6월 모의평가 14번

A. '계획 세우기가 제대로 되다.' 에서의 '되다'는 보어의 서술어인 '되다'와 다릅니다.

보어의 서술어로 오는 되다는 'A가 B이/가 되다.' 라는 문장 형태여야 합니다.

이때 '되다'는 '새로운 신분이나 지위를 가지다.' (BECOME의 의미)라는 의미를 가지고 그런 문장으로 쓰여야 해요. 즉 A라는 주어와 B라는 보어가 있어야 하지요.

하지만 '계획 세우기가 제대로 되다.'에서의 '되다'는 문장 형태가 그냥 'A가 되다.'로, '갖추다'와 같은 의미로 쓰였죠. 따라서 A인 계획 세우기는 보어가 아닌 주어입니다.

서술어만 보고 낚이지 않도록 주의하세요!

Q. 서술어 자릿수 셀 때 필수적 관형어는 포함되나요? 필수적 부사어는 포함되는데…

필수적 관형어는 명사를 수식하고 명사는 일반적으로 주어, 목적어, 보어 자리에 와서 주요 문장 성분으로 쓰여 서술어 자릿수에 포함되는데, 필수적 관형어도 필수적 부사어처럼 자릿수에 포함되는 예외인가요, 아닌가요? -김O준

A. 아니요!
필수적 관형어는 포함되지 않습니다.

  서술어 자릿수에 영향을 주는 문장 성분은 주성분과 필수적 부사어입니다.

  따라서 서술어를 기준으로
주어, 목적어, 서술어, 그리고 필수적 부사어가 서술어 자릿수에 포함됩니다.

> ## Q. 관형사 vs 관형어 구별하는 법
>
> 관형사와 관형어가 자꾸 헷갈리고 정확히 구별하는 법을 모르겠어요. 예문을 들어서 설명해 주실 수 있나요? -김○서

A. 일단 관형사는 품사고 관형어는 문장 성분입니다.

관형사는 단어 자체가 가지고 있는 품사이고, 관형어는 문장 내에서 어떤 역할을 하느냐에 따라 정해집니다. 이때 관형어는 체언을 수식하는 역할일 때 관형어가 되죠.

따라서 관형어가 되는 방법은

1. 품사가 관형사인 단어는 무조건 관형어
2. 용언+관형사형 어미
3. 체언이 체언을 수식할 때
4. 체언+관형격 조사 '의'

입니다. 무조건 암기하세요.

반면에 관형사는 활용*을 하지 못하고 뒤에 어떤 것이 붙지 않습니다.

---

* 이때 활용이라는 것은 형태가 변한다는 의미입니다. 용언과 서술격 조사는 활용이 가능하죠.

ex 예쁜 영현

'예쁜'은 영현을 수식해 주고 '용언+관형사형 어미'이므로 관형
어입니다. 하지만 품사는 형용사입니다. 관형어가 되는 방법 중 2
번에 해당하죠.

ex 새 책

이때 '새'는 new 의미를 가지는 단어인데, 활용하지 못하면서
체언을 수식하니 품사가 관형사입니다. 그리고 책을 수식해 주니
까 관형어입니다. 관형어가 되는 방법 중 1번에 해당하죠.

036

Q. 미지칭 vs 부정칭 구분

"여기가 어디야?"라는 문장에서 '어디'는 인칭 대명사 중에 미지칭에 해당하나요? -김O빈

1) 누구 만나고 오느라 늦었다. 2) 누가 왔는지 보라며 들뜬 목소리가 들렸다. 1), 2)번 문장의 누구, 누가가 각각 미지칭인지 부정칭인지 궁금합니다.에 해당하나요? -양O서

A. 부정칭은 정해진 범위 없이 '아무나'를 가리킬 때 쓰는 말이고

('아무'와 대체할 수 있음)

미지칭은 특정 범위 내에서 모를 때 쓰는 말입니다.

또한 부정칭은 부정대명사 사용해서 판정의문문으로, 예 또는 아니요 판정을 요구하는 반면

미지칭은 의문대명사 사용해서 설명의문문으로, 설명을 요구합니다.

예를 들어,

"여기가 어디야?"의 '어디'는 아무와 대체할 수 없고

어딘지의 설명을 요구하기 때문에 미지칭 대명사에 해당합니다.

마찬가지로, '누구 만나고 오느라 늦었다.'의 '누구'는 미지칭입니다. '누가 왔는지 보라며 들뜬 목소리가 들렸다.'의 '누가' 역시 미지칭입니다. 아무와 대체할 수 없는, 특정 범위 내에서 모를 때 쓰는 말이고 의문문으로 바꿔보면 답으로 설명을 요구하기 때문이에요.

037

Q. **미지칭, 재귀칭, 부정칭은 몇 인칭인가요?**

미지칭, 부정칭, 재귀칭은 3인칭에 포함되나요? -마○연

A. 일반적으로 미지칭, 부정칭, 재귀칭은 모두 3인칭 대명사로 봅니다.

다만 문장 내에서 무엇을 가리키는지/지문에서 어떤 견해를 주는지 등을 생각해서 문제 풀 때 유연하게 풀어 주세요.

038

Q. 합성용언 vs 본용언+본용언

합성용언과 본용언+본용언 구별은 어떻게 하나요? -김O온

A. 띄어쓰기로 구분하시면 됩니다.

본용언+본용언은 두 개의 단어로, 반드시 띄어 써야 합니다. 하지만 합성용언은 하나의 단어이므로 사전에 한 단어로서 등재됩니다. 따라서 반드시 붙여 씁니다.

예를 들어, '내가 식당에서 밥을 먹고 가다.'에서 '먹고 가다'의 경우,

'먹다+가다'의 구성인데, 띄어쓰기가 되어있으니 합성용언이 아닌 본용언+본용언임을 알 수 있습니다.

이처럼 합성용언의 구성이 용언 간의 합이더라도 합성용언은 반드시 붙여 써야 하지만 본+본은 반드시 띄어 써야 하므로 띄어쓰기로 구분하시면 됩니다~

Q. 규칙활용 vs 불규칙활용→둘을 구분하는 기준이 뭔가요? 왜 불규칙인지 모르겠어요. 그리고 이 부분은 어떻게 외워야 하나요?

불규칙 활용 중에 "1. 어간이 바뀌는 경우"에 대해서 잘 모르겠어서요. 모음 어미 앞에서 불규칙 활용이 일어난다고 외우려고 했는데, 규칙 활용이 되는 경우가 있어서 구분이 잘 안 돼요. 예를 들어, '돕+아', '굽+어' 둘 다 모음 어미 앞인데 왜 '돕+아'만 불규칙인지 잘 모르겠어요. -박○주

불규칙 활용 부분 암기하면 좋다고 하셨는데, 불규칙 활용에 용례들을 암기할까요? 어떤 걸 외워야 좋을까요? -김○찬

A. 규칙 활용과 불규칙 활용의 구분 기준은

1. 규칙적으로 쓰이는지, 아니면 일부 용언에서만 쓰이는지
2. 활용할 때 형태가 변하는지, 안 변하는지

입니다.

규칙적으로 쓰이거나 활용할 때 형태가 변하지 않으면 규칙활용이고 일부 용언에서만 쓰이거나 형태가 변하면 불규칙 활용이에요.

암기 방법은 규칙 활용부터 외워 놓고 그 외는 모두 불규칙 활용으로 보면 됩니다. 규칙 활용이 훨씬 적거든요. 그리고 꼭 예시와 함께 암기하는 것이 좋습니다.

→ ㄹ탈락, ㅎ탈락, 모음 아/어 탈락, ─탈락 은 규칙 활용이고 나머지는 불규칙 활용이다!

Q. 왜 어떤 단어는 본용언+보조용언 구성인데도 반드시 띄어 쓰나요? 예를 들어, '가지 않았다'요.

보조적 연결어미 부분에서 '앉아있다', '먹어버렸다', '가지 않았다' 모두 보조적 연결어미로 연결되어 있는데, '가지 않았다'에서만 띄어쓰기가 이루어지는 이유는 무엇인가요? -김○서

A.   오, 아주 좋은 질문이에요!!

본용언+ 보조용언의 경우, 띄어 쓰는 것이 원칙이고 붙여 쓰는 것이 허용되지만
이때 붙여 쓸 수 있는 것은 연결어미가 "아/어/고"일 때만입니다.

'앉아있다', '먹어버렸다', '먹고있다' 이런 건 붙여 쓸 수 있죠.

하지만, 그 외의 경우 (ex -게, -야, -지) 는 붙여 쓸 수 없고 반드시 띄어 써야 합니다.

ex 해야 한다, 가지 않다, 먹게 하다

아/어/고 기억해 주세요!
그리고 문제에서 띄어쓰기를 물을 땐 항상 예문을 확인해 주세요~

Q. '비가 소리도 없이 내리고 있다.'라는 문장에서 왜 '-이'는 부사형 어미가 아니라 부사 파생 접미사인가요? 다른 안은문장 예시들 보면 보통 전성어미잖아요.

선생님, 부사절에서 부사형 어미에는 '-게', '-도록', '-듯이'가 있고 부사 파생 접미사에는 '-이'가 있는데 여기서 부사 파생 접미사 '-이'가 잘 이해가 안가요. '비가 소리도 없이 내리고 있다.'에서 '소리도 없이'가 부사절로 안긴문장이잖아요. 여기서 '-이'가 부사 파생 접미사인가요? 부사형 어미로 보면 안 되나요? 되게 헷갈려요. -김O철

A. 　좋은 질문이에요. **이 예문은 예외적으로 접사가 부사절을 이끄는 예시입니다.**

　우선,
표준국어대사전에 따르면 이때 '-이'는 부사형 어미가 아닌 부사 파생접미사로 보고 있습니다. (사전참조)

　또한 현재 학교문법에 따르면 '없이'가 해당 문장에서 단독으로 부사로 기능하는 것이 아니라,
'소리가 없다'라는 문장의 서술 기능을 하면서 그 서술 기능을 유지한 채로 그 문장 전체가 부사어가 된 것이므로 부사절로 보는 것이 타당하며 부사 파생 접사 '-이'가 예외적으로 부사절을 이끌 수 있는 것으로 설명합니다.

　정리하면
'없이'가 하나의 부사가 되는 것이 아니라,
'소리도 없이' 라는 절 자체가 부사어로서 기능하되 서술의 기능을 유지하고 있으므로
'-이' 라는 부사파생접사가 부사절을 이끈다고 보는 것이 적절합니다.

042

Q. 종속적으로 이어진 문장 vs 부사절을 안은 문장

'나는 방에 계신 어머니를 모시고 공원에 갔다.'는 종속적으로 이어진 문장이 아니고 부사절을 안은 문장이죠? 부사절을 안은 문장과 종속적으로 이어진 문장을 어떻게 구별해야 하는지 모르겠어요. -전○희

A. 부사절로 안긴 문장의 특징은 부사절의 이동이 자유롭다는 거예요.

종속적으로 이어진 문장의 특징은 문장의 위치를 옮기면 뜻이 달라진다는 거예요.

그러니 둘을 구분할 때 속에 안겨 있는 듯한 절의 위치를 밖으로 바꿔보세요. 의미가 변하지 않으면 부사절을 안은 문장이고 변하면 종속적으로 이어진 문장입니다.

예를 들어, '비가 소리도 없이 내린다.' 문장은
'소리도 없이 비가 내린다.', '비가 내린다, 소리도 없이.'
모두 가능하죠? 따라서 '소리도 없이'는 부사절입니다.

다른 예로, '비가 와서 길이 질다.' 문장은
'길이 질어서 비가 왔다.'
이렇게 바꾸면 의미가 변하고 말이 안 되죠? 따라서 '비가 와서'는 종속적으로 이어진 문장인 거죠.

질문에 나온 '나는 방에 계신 어머니를 모시고 공원에 갔다.'라는 문장 또한
'방에 계신 어머니를 모시고 나는 공원에 갔다.'
로 바꿔도 의미가 같으니까 부사절을 안은 문장이에요.

시험에서는 명확하게 구분할 수 있는 예문으로 나오거나 지문이나 보기로 방향을 정해줄 거예요. 혹시나 구분이 어려운 예문이 나올 경우에는 표지를 연결어미로 보면 종속절로, 부사형 전성어미로 본다면 부사절로 보면 됩니다.

Q. 분명 문법 개념은 아는데 문제를 풀면 틀려요. 어떡하죠?

문법 강의를 듣고 있는데 그렇게 어렵지는 않아서 괜찮을 줄 알았는데 수업 뒷부분에 문제를 풀잖아요. 그런데 두 개만 맞고 세 개는 다 틀리는 거예요ㅠㅠ 두 개 중 하나도 약간 감으로 맞은 거라서 네 개 틀린 거나 다름이 없는데 틀리는 이유가 제가 개념을 제대로 복습을 안 해서 틀리는 건지 아니면 문제의 원리를 대입 못 하는 건지 잘 모르겠어요. 어떻게 복습하고 공부하는 게 좋을까요? 개념은 아는데 보기를 보고 푸는 걸 못하는 거 같아요. -정○진

A. 우선 솔직하게 오답을 해보세요.

일단 질문에서는 개념을 안다고 했지만, 안다고 착각한 것일 수 있어요. 특히 자주 나오는 개념일수록 더 익숙하니까 안다고 생각하는 거죠. 그런데 문제로 콕 집어서 물어보거나 매력적 오답을 끼워 넣으면 틀리고요. 이러한 이유로 틀리지 않으려면 개념을 확실하게 알아야 해요. 내가 확실하게 아는지 확인하는 가장 쉬운 방법은 스스로 개념과 예시를 설명해보는 거예요. 마치 내가 누군가를 과외 해준다는 생각으로요. 개념을 완벽히 안다면 이걸 가지고 어떤 문제를 낼 수 있는지, 어떤 식으로 낚시질을 할 수 있는지, 이 개념과 헷갈리는 개념은 무엇인지 등까지 설명할 수 있게 됩니다. 그러면 정말 문제 풀 때 보기만 읽어도 선지로 뭐가 나올지 예측이 가능하고 정확도와 속도 모두 잡을 수 있게 되지요.

혹은 개념을 아는데 틀리는 이유는 문제 풀 때 평가원에서 문법 문제에 자주 내는 매력적인 오답 패턴에 낚이기 때문이에요. 예를 들어, 보기에서 규정을 주고 예외 사항을 밑에 작게 써 놓고 예외를 선지에서 묻는다든지, ㉠과 ㉡을 모두 만족하는 단어 쌍을 찾으라고 했는데 학생은 단어가 각각 ㉠과 ㉡에 해당하는 예시라고 오독했다거나*, 조건 여러 개 중 하나를 누락시키거나, 문법 선지를 길게 내놓고 단어 하나만 잘못 끼워 넣는 식으로요. 그럼 오답할 때 어떤 낚시질을 한 건지 분석하고 같은 이유로 안 틀리려면 어떻게 대비할지 구체적으로 생각하고 체화하면 되는 거죠.

---

*   2018 6월 모평 12번과 2022 6평 35번 참조 (같은 매력적 오답 패턴)

Q. 맞은 문제는 어떻게 분석하나요? 틀리면 오답이라도 하는데, 그게 아니니까 뭘 공부해야 할지 모르겠어요.

기출 문제를 풀면서 공부를 하다 보면 맞은 문제도 있고 틀린 문제도 있는데 틀린 문제는 당연히 오답을 하지만, 맞은 문제도 한 번 더 봐야 할까요? 봐야 한다면 어떤 방식으로 봐야 할까요? -김O은

A. 모든 예문과 보기를 분석하세요.

형태소를 묻는 문제면 모든 선지를 형태소로 쪼개 보고, 문장 성분을 묻는 문제면 선지에 나온 문장에 있는 모든 단어, 절의 문장 성분을 분석해 보는 식으로요.

이걸 계속하다 보면 어느 순간부터는 문제만 봐도 어떤 걸 선지로 넣지, 어떤 것으로 낚시질을 할지가 보입니다. 시험지 위에서 시험지를 컨트롤할 수 있게 되고 매력적 오답에도 안 빠지고 무엇보다 아주 빠른 속도로 정확하게 문제를 풀 수 있어요.

Q. 단어의 표준발음 자체를 잘못 알고 있는 경우

'숯이 빨리 탄다.'라는 예문을 들었을 때 뒤에 'ㅣ'라는 형식 형태소라서 연음의 원칙대로 연음이 사용된다고 생각합니다. 근데 연음은 수업시간 내에서 음운변동에 포함하지 않는다고 수업시간에 듣고 필기를 해놔서 '숯이'라는 단어 내에서는 음운변동이 일어나면 안 된다고 생각하는데 왜 실제로 읽을 때는 [숟치]가 되는 건가요? -전○성

A. 숯이의 표준발음은 [수치]입니다. [숟치]가 아닙니다!
즉 연음만 일어났고 음운변동이 일어나지 않았습니다.

이처럼 표준발음을 잘못 알고 있지 않도록 시험에 단어가 나오면 속으로 천천히 발음해 보시고 간단하게라도 음운 변동 과정을 고려해서 최종적으로 어떻게 발음이 되는지 생각하는 것이 좋습니다.

예를 들어 '숯이'는 천천히 '수우치이' 이렇게 발음해 보고, 사실 '숯'+'-이'인데 당연히 'ㄷ'이 갑자기 첨가되는 일은 없겠지요.

17수능 직후까지는 독서 파트의 난이도 상승이 주목받았다면, 19수능 이후부터는 문학 파트의 난이도 상승이 주목받고 있다. 물론 독서 파트에 비하면 아직은 쉬운 수준이다. 그러나 예전처럼 작품을 안다고 바로 풀리는 문제나 보기만 읽고 풀리는 문제는 드물다. 오히려 이렇게 가볍게 읽는 습관을 이용한 매력적 오답들이 많이 나오고 난이도도 올라 갔다. 단어의 느낌만 가지고 풀면 오히려 틀리는 문제, 문맥을 안 읽으면 틀리는 문제, 개념어를 애매하게만 알고 있으면 틀리는 문제도 많아졌다. 그만큼 방심하지 말고 꼼꼼하게 대비해야 한다. 독서는 3점짜리 보기 문제 하나에도 물고 늘어지면서, 문학에서 3점짜리 문제는 "아 실수~"하고 넘어가는 이유가 무엇인가? 같은 배점인데도 말이다. 문학을 만만하게 생각해서는 안된다.

게다가 이번 개정 수능부터는 국어 EBS 연계율이 70퍼센트에서 50퍼센트로 줄어들었다. 문학 파트에서 연계율을 이야기하는 이유는 체감 연계율이 가장 높은 파트가 문학이기 때문이다. 수능에서 지문이 그대로 나오는 만큼, 작품 자체를 깊이 있게 공부해야 했다. 그러나 연계율이 떨어지는 만큼 비연계 낯선 문학 작품에 대한 독해 연습이 더욱 중요해졌으며 EBS 연계작은 문제를 까다롭게 낸다.

그러니 처음 보는 작품을 독해할 수 있는 독해력을 갖춰야 하고 내가 아는 작품이 나왔다고 해서 안일하게 풀지 말고 꼼꼼하게, 생각하면서 읽고 풀어야 한다. 근거도 정확하게 지문에서 잡을 수 있어야 한다.

3

문학

Q. 성찰의 기준이 무엇인가요? 반성하는 모습이 없어도 성찰이라 해도 되나요?

반성적 태도랑 성찰적 태도의 차이를 잘 모르겠는데 혹시 설명해 주실 수 있나요? -서○진

A.
1. 성찰은 돌이켜 보는 것입니다.

2. 네!
반성과 성찰의 차이를 말하자면
성찰: 돌이켜 보는 것
반성: 돌이켜서 반성하는 것

입니다.

꼭 잘못한 것을 뉘우치지 않아도 그저 돌아보면 성찰적 태도가
됩니다.

047

Q. 말을 건네는 방식 vs 대화

말을 건네는 방식이랑 대화체랑 같은 맥락으로 쓰이는 말이 아니죠? 기출에서 대화체가 말을 건네는 방식이랑 서로 구분되는 개념으로 나온 선지가 맞는 말로 나온 걸 봤던 거 같은데, 둘이 너무 헷갈려요. -정O주

A. **말을 건네는 방식은 청자를 부르는 말만 나와도 말을 건네는 방식에 해당합니다.**

예를 들어, '춘향아', '아희야' 이렇게 부르기만 하고 춘향이나 아이의 대답이 없더라도 말을 건네는 방식이 맞습니다.

말 그대로 청자의 대답이 없더라도, 대상에게 말을 건네듯 이야기하면 해당하는 거지요.

반면에 대화는 반드시 청자의 대답이 있어야 해요.

화자의 말과 청자의 대답으로 이루어진 '대화'가 있어야만 성립됩니다.

Q. 왜 A 시어가 B를 상징하나요?

빈 낙대 빗기 들고 빈 비를 혼자 띄워

백구(白溝) 건네 저어 건덕궁(乾德宮)에 가고지고
-만분가-

에서
'빈 낙대'는 사심 없는 화자의 마음을 대변한다고 하는데 왜 저게 그걸 상징하나요? -김○연

A. 빈 낙대 빗기 들고 빈 비를 혼자 띄워

백구(白溝) 건네 저어 건덕궁(乾德宮)에 가고지고
-만분가-

빈 낙대는 빈 낚시대라는 뜻인데요,
물고기를 왕창 잡는 건 욕심이겠죠?

하지만 빈 낙대 들고 빈 배 혼자 띄우는 모습은,
욕심이나 사심이 없는 화자의 마음을 대변한다고 볼 수 있습니다^^

시어 하나만으로 유추가 어려울 때는 앞뒤 내용을 같이 보고
작품 전반의 주제를 생각하면 쉽습니다!

049

Q. 가나다 형 지문이 엮어서 나오는 문제는 어떻게 풀어야 하나요?

현대시나 고전시가 세트에서 그렇게 많이는 아니지만 틀린 문제들 비율을 따져 봤을 때 공통점 파악하는 게 오답률이 조금 높은데 공통점 파악 문제를 만나면 (가), (나), (다) 시 순서대로 읽고 지우고 읽고 지우고 하는데 답이 아예 안 보일 때도 있고 둘 중 하나 헷갈리다가 잘못된 거 고르는 경우도 있어요. 공통점 문제는 매력적 오답을 고르는 것도 아니라서 얘를 어떻게 고쳐야 할지 모르겠어서 질문드려요. -정○경

시를 배우고 기출문제로 체화 중인데 시 3편이 엮어 나오는 건 풀이법이 따로 있나요? 시를 세 편 다 읽고 풀어야 하는 건지 풀이법이 궁금해요. -방○수

A. 공통점 문제는,

가나다 시들 중 본인이 가장 자신 있는 작품(주로 이미 알고 있는 작품, 이미 아는 작가 등)**을 가지고 선지를 최대한 지우시면 됩니다.**

즉 자신 있는 작품 가지고 소거법으로 풀기!

이게 정확도를 높이는 가장 좋은 방법이고,
문제 푼 뒤에 분석할 때는 작품별로 선지 하나하나 다 . 판단해 주면 됩니다.

Q. 과거회상 vs 액자식 구성

과거 회상이 나오면 액자식 구성의 내화인지 아니면 그냥 과거 회상인지 어떻게 구분하나요? -이○연

A. 액자식 구성의 경우, 외화와 내화가 구분될 때 시점이 달라지거나 초점 인물이 달라지는 등 명확하게 구분돼요.
일반적으로 내화는 3인칭 시점에서 서술됩니다. 그리고 내화에서 소설의 주제를 담기 때문에 내화와 외화의 경중도 달라지죠.

한편 과거 회상은 흐름이 자연스럽게 이어지는 것이 일반적이죠. 만일 내화처럼 구분 지어진다면, 과거 회상인 동시에 내화인 거고요.

그러니 정의를 알아둔 상태에서 지문을 읽으면서 명확하게 외화에서 내화로 구분되는지, 아니면 단지 인물이 과거를 회상하기만 하는지로 구분하세요. 내화와 과거 회상이 나온 기출 예시를 읽으면서 감 잡는 것이 좋습니다.

051

Q. 우화 vs 우회 vs 우의

우의적 표현이랑 우화의 차이가 뭔가요? 우의적 표현 안에 우화가 포함되는 건가요? 우의적 표현이 우회적 표현이 될 수 있나요? 세 개의 차이 설명 부탁드려요. -이○원

A. 우회는 말하고자 하는 바를 돌려서 말하는 것,
우의는 빗대어서 말하거나 풍자하는 것,
우화는 동물에 빗대어서 세태를 꼬집는 것입니다.

> ## Q. 독백체 vs 대화체
>
> 소설을 공부하다가 선지에서 독백체와 대화체가 나오는데 독백체가
> 헷갈리네요.
> 독백체가 작은 따옴표 안에 들어있는 말인지 아니면 독백체 없이 그
> 냥 지문에 나오는 말인지 정확히 독백체의 특징과 독백체와의 차이
> 점이 궁금합니다. -김ㅇ경

A.   독백은 인물이 하는 혼잣말을 의미합니다. 독백체는 이러한 문
체를 가지고요.

예시) 2001학년도 수능 56번

① 독백을 통해 인물의 내적 갈등을 드러내고 있다. (○)

　　송달지 : 줄까, 말까 줄까 말까 줄까 말까, 줄까……. 안 됐어. 다시
　　　　　　한번, 말까, 줄까 말까, 줄까, 줄까, 헛 그럴 테지. 이름 석
　　　　　　자 빌려 줄 수야 있나, 어디 다시 한번……. 줄까 말까,
　　　　　　줄까 말까 줄까, 어, 어, 어렵쇼? (하연, 하수로 등장.)

　　하연 : 형부, 혼자 무슨 장난이셔요? -살아 있는 이중생 각하(오영진)

이때 송달지는 줄까 말까 하면서 혼잣말로 고민하고 있으므로
독백을 통한 인물의 내적 갈등이 맞는 선지가 됩니다.

혹은 청자를 부르더라도, 실제로 청자에게 한 말이 아니면 독

백이 가능합니다.

예시) 2002학년도 수능 55번

② 철호의 심정을 좀 더 명확하게 표현하기 위해 인상적인 독백을 하나 집어넣도록 한다.(○)

㉮ S# 66. 철호의 집 앞/철호가 뜨락에 들어서는데 "가자!" 하는 어머니의 소리./철호 한 대 맞은 사람 모양 우두커니 한동안 서 있더니 되돌아서 터벅터벅 걷는다./여기에 덮이는 철호의 소리 - "어머니, 어디로 가자시는 말씀입니까?"

이때 철호는 어머니를 청자로 설정했지만, 실제로 어머니께 한 말이 아니므로 독백이 가능합니다.

대화체는 앞서 답변했듯이, 화자의 말과 청자의 답으로 이루어집니다. 대화의 형식을 갖추었는지를 생각하면 쉽습니다.

Q. 소설에서 서술상의 특징 문제는 어떻게 풀어야 하나요? 하나하나 왔다 갔다 하기에는 시간이 너무 오래 걸려요.

제가 현대소설에서 서술상의 특징을 묻는 문제에 약한데 어떤 식으로 학습하면 좋을까요?

강의에서 소설파트 공부할 때 그냥 넘어가는 부분 없이 꼼꼼히 공부했고 그동안 봤던 모의고사에서도 이런 유형 문제들을 풀었을 때 보면 개념 자체를 모르지는 않아요. (내적 독백을 파악하는 법, 인칭 파악 등등)

그런데 지문을 다 읽고 문제를 풀려고 하면 완전 아닌 답 같은 1, 2개 빼고 2, 3개 선지가 헷갈리더라고요. 뭔가 다 맞는 말 같고 근데 이걸 다시 파악하려고 지문 처음으로 돌아가서 다시 읽을 수도 없고ㅠㅠ

제가 이 유형에 약한 걸 알아서 처음 지문 읽을 때도 신경쓰면서 읽는데 도대체 어떻게 하면 극복할 수 있을까요? 도와주세요 흑흑. -임O영

A. 보통 표현상의 특징 문제는 앞/뒤로 끊어져요.

'~를 통해/ ~한다' 이때 앞부분이 표현이고 뒤가 효과이죠. 근데 둘 중 하나가 이미 틀리는 경우가 많으니까 표현과 효과 중 자신 있는 것으로 먼저 걸러 내세요.

'이런 말 나왔던 것 같은데' 하고 잔상독해하지 마시고 지문의 해당 내용으로 돌아가서 지문에서 근거를 찾으세요.

문제 풀 때 당연히 지문을 처음부터 다 다시 읽는 건 힘들어요.

서술상의 특징의 경우 지문 중에서 문제로 구현될 만한 포인트들이 구현됩니다. 이미 처음에 쭉 읽을 때 제대로 독해했다면 적어도 어떤 포인트를 짚어야 하는지 ex 서술자의 개입 부분, 장면 전환 부분, 감정 부분 등등을 독해하면서 잡았어야 해요.

그 맥락 속에서 선지에 구현된 것 중 해당 부분으로 돌아가서 그 부분만 찾아서 근거 명확히 잡으면 됩니다.

Q. 소설은 읽어도 무슨 말인지 모르겠어요. 내용 정리 자체가 안 되어서 항상 내용 일치 문제도 틀려요. 특히 고전소설은 더 심해요.

중간중간에 소설이 나올 때 너무 읽기 어렵고 아무리 읽어도 뭐라고 하는지 이해가 안 가요. 소설은 어떻게 공부해야 하나요? -맹○규

A. 소설은 우선 제목 보고 내용에 대한 유추를 해보시고

ex 심청전→ 심청이에 대한 전기가 나오겠구나, 주인공이 심청이구나

장면 나누기, 인물 간의 관계 파악, 주제 파악, 인물 심리 파악 등에 집중하면서 글을 읽어주세요~

수능에서 소설은 그냥 주르륵 생각 없이 읽으면 안 되고, 계속 생각하면서 읽으셔야 합니다.

어려운 말로 나오더라도, '아 그럼 a가 b했다는 거네' 이런 식으로 속으로 정보를 정리해 가면서 읽는 연습을 해주세요~ 장면이 전환되면 끊어주고요. 소설은 '변화'하는 부분이 가장 중요합니다. 시간의 변화, 공간의 변화, 인물의 변화처럼요.

대화가 많으면 누가 화자인지 체크하면서 읽으시고요. 대화로만 장면이 이어진다면 대화 시작 옆, 즉 큰 따옴표 옆에 말하는 인물 이름의 앞 글자를 적으면서 읽는 것도 좋습니다. 선지에서 주체를 바꿔서 매력적 오답을 만들기도 하니까 이를 방지하는 데 좋습니다.

특히 고전소설은 꼭 내용 일치를 묻는 문제가 나오니까 디테일하게 생각하면서 읽는 것이 중요합니다. 고전소설이 유독 어려운 이유는 같은 인물을 지칭하는 표현이 달라지기 때문이에요. 이름, 성+지위를 나타내는 말, 호, 자 등등 다양합니다. 그러니 고전소설을 읽을 때는 읽으면서 동시에 인물 관계도를 작성하는 것을 추천해 드립니다. 저는 개인적으로 모든 소설 읽을 때 이렇게 인물 관계도를 그리면서 읽어요. 고전소설에서 표현이 다른데 같은 인물이면 A(=B) 이렇게 메모하면 더 편하고요.

Q. 소설 내용 일치에서 오래 걸리는데 어쩌죠?

선생님께서 소설에서는 학생들이 내용 일치 문제는 거의 안 틀리고 서술상의 특징과 시점에서 보통 많이 틀린다고 하셨는데, 저는 내용 일치 문제가 너무 어려워요. 글이 눈에 들어오지도 않고, 글을 읽은 후에 내용이 기억나지 않아서 내용 일치를 물어볼 때 어디서 나왔는지 계속 돌아보게 되고, 시간은 많이 걸리는데 한 지문을 30분 정도 봐도 답을 못 찾을 때가 많아요. 현대소설이든 고전소설이든 내용 일치 문제를 잘 맞히려면 어떻게 해야 할까요? 지금 작품 공부를 다시 해야 할까요? -이○혁

A. 선지 근거를 지문에서 찾아야 하는 만큼, 다시 지문으로 돌아가야 하기 때문에 시간이 어느 정도 걸리는 것은 어쩔 수 없어요.

읽으면서 인물의 심리, 변화 등이 나타나는 부분이나 지문에서 강조하는 부분은 읽으면서 기억해 주시고 그 외의 디테일한 내용 일치는 다시 지문으로 돌아가서 확인하셔야 해요.

EBS 연계작은 작품 공부가 필요하지만, 그 외의 작품은 작품 공부를 하진 마시고 기출 풀면서 어느 정도까지 기억하면서 읽어야 할지, 이 선지가 나오면 어느 부분으로 돌아가야 하는지에 대한 감을 익히고 속도 높이는 연습을 하세요.

Q. 문학은 어떻게 분석하고 복습해야 할지 모르겠어요. 지문 분석도 어렵고 틀린 문제 오답할 것도 많지 않아서요.

문학 지문 분석을 어느 정도까지 해야 할지 감이 잘 안 잡혀요. 하면서도 계속 이게 맞는 방법인지 의심하게 되네요. 물론 한 번 나온 지문이 반복해서 또 나오지는 않지만, 그렇다고 내용을 넘기고 맞힌 문제는 그냥 넘어가도 되는 건지 잘 모르겠어요. 어떻게 하면 효율적인 지문 분석을 통해서 문학 풀이 실력을 늘릴 수 있을까요? -황○지

A. 문학은 지문을 올바르게 독해했는지 점검하고 반복적으로 나오는 선지(개념어)를 익히는 것이 중요합니다!

분량은 하루에 두 갈래 정도(ex 고전 시가와 현대소설 / 현대 시와 고전소설) 본인이 먼저 독해하고 문제 풀고 오답한 뒤에 분석하면 됩니다.

오답은 앞에서 얘기했듯이
1. 내가 왜 이 선지를 골랐는지
2. 왜 나처럼 생각하면 안 되는지= 왜 답이 아닌지
3. 정답은 왜 정답인지
4. 그럼 앞으로 다시는 같은 이유로 틀리지 않으려면 어떻게 해야 할지
를 해주세요.

문학 지문 분석은 **"해설지와 비교"**가 핵심입니다.

문제 풀 때 지문을 읽으면서 파악한 주제, 분위기, 정서, 상황 등에 대해 내가 맞게 독해했는지 해설지와 비교하세요. 내가 다르게 생각한 부분이 있거나 틀린 부분을 체크하면서 어떤 것을 놓쳤는지 확인하시고 해설지대로 지문을 다시 두어 번 읽으면서 사고 과정을 교정하세요.

그리고 문학은 선지 분석이 매우 중요합니다. 기출에 나온 선지의 개념어는 반복되어 나오고 기출에 나온 것이 곧 기준이 되니까요. 개념어를 익히라는 것은 예를 들어, '화자와 대상과의 거리가 가깝다'라는 선지가 있으면

1. 화자와 대상과의 거리가 무슨 뜻인지
2. 가깝고 멀다의 기준은 무엇으로 잡는지
3. 그 예시

를 알아야겠지요^^

문학 개념어는 사전적 정의뿐만 아니라, 수능에서 보통 어디까지를 기준으로 잡는지와 그 예시를 평가원 기출로 익히는 것이 매우 중요합니다.

Q. 문학 지문을 분석할 때는 강의처럼 다 하나하나 분석하는데(표현법, 구절의 의미, 시어의 의미 등) 시험시간에 이 정도까지는 못 할 것 같아요. 그런데 지문을 읽긴 읽어야 하는데, 어느 정도까지 읽어야 할지 모르겠어요.

강의에서는 의미 파악하랴 시어, 시구 하나하나 자세히 분석하잖아요. 그런데 실전에서는 그만큼의 반도 못 하는 것 같습니다. 아무래도 시간이 부족하다는 마음에 쫓겨서 시를 후루룩 읽습니다. 근데 그러면 안 되겠죠? 어느 정도 속도로 읽고 어느 정도를 캐치해야 하는지 감이 안 옵니다. 선생님이랑 같이 수업할 때처럼 하면 정말 시간이 부족할 것 같고 그렇다고 후루룩 읽으니 뭔 소리인지 모르겠고 그냥 둥둥 떠다니는 감각들로 문제를 풀어서 운문파트의 정답률이 아주 들쑥날쑥입니다. 실전에서 어느 정도의 속도로 읽고 어느 정도로 파악해야지 적당할까요? -조○아

A.　'어느 정도까지 독해할 것인가?'는,

운문은 제목, 주제, 상황, 정서, 대상과 화자의 관계 정도는 읽으면서 파악해야 하고 구절 읽으면서 '아, 이 말이 이 뜻이네.' 정도는 해석할 수 있어야 해요. 그리고 그 뜻을 생각할 때 보통 앞과 뒤를 연결 지으면서 뜻을 정확하게 찾는 거고,

그걸 지금은 천천히 동어 치환 찾아가면서 연습하는 거예요~

산문은 제목, 주제, 상황, 정서, 인물 간의 관계, 장면 정도는 읽으면서 파악하시고

그냥 생각 없이 주르륵 읽는 게 아니라

'아, 이런 상황이구나. 지금 화나서 저렇게 얘기하는 거구나. 이래서 화가 났구나.' 등등 계속 생각하면서 읽으셔야 합니다!

내용 이해를 위해 필요한 과정이고, 그걸 지금 천천히 하나씩 하는 거예요~

이게 익숙해지면 속도는 점점 빨라집니다.

Q. 문학 보기 꼭 읽어야 하나요? 읽는다면 언제 읽어야 하나요?

문학에서 제가 보기를 아예 안 읽거나 그냥 선지를 읽다가 잘 모르겠으면 보기를 후루룩 읽고 마는데 쓸모 있는 보기는 무엇이며 문제를 풀 때 이게 쓸모 있는 보기인지 아닌지 어떻게 구별할 수 있나요? - 정○경

산문에서 보기를 먼저 읽고 지문을 읽는 방법이 좋나요? 아니면 지문을 먼저 읽고 보기를 읽는 것이 좋나요? 다른 문학 작품에서도 일반적으로 보기를 언제 읽어야 하는지가 궁금합니다. -유○정

A. 쓸모없는 보기는 없습니다. 무조건 다 읽으셔야 해요.

유명한 말이 있죠? "평가원은 잉크 낭비를 하지 않는다." 심지어 보기 문제 발문에 "〈보기〉를 참고하여~", "〈보기〉를 바탕으로~" 윗글을 이해하라고 했는데, 그 보기를 안 읽는다면 발문을 무시하는 행위와도 같아요.

아무리 보기 없이도 답이 나온다고 해도 무조건 읽으셔야 합니다. 적어도 글을 보기가 원하는 방향으로 독해하고 선지를 이해하는 데 도움이 되어요.

또한 독서의 보기는 지문 읽고 문제 풀 때 읽지만, 문학의 보기는 지문 읽기 전에 보는 것을 추천해 드려요.

가장 BEST로는 보기에서 힌트를 줄 수 있죠. 예를 들어, 작가의 배경, 작품의 주제, 작품의 시대적 배경 등을 준다면 이걸 읽고 보다 쉽게 독해할 수 있고요.

혹은 직접적인 힌트처럼 보이지 않더라도, 막연히 작품으로 들어가는 것보다 보기라는 '가이드라인'을 읽고 들어가는 것이 좋습니다.

Q. 시에서 선지를 판단할 때 제가 시를 맞게 해석했는지 확신이 없어요. 어떻게 해야 해석할 때 애매함을 없애고 정확하게 선지를 판단할 수 있을까요?

〈보기〉나 지문에 있는 단어나 지문과 유사한 느낌의 선지라고 해야 할까요? 따져보면 말도 안 되고 지문과 불일치하는 이상한 해석을 써놨는데 딱 그 선지를 시험장에서 봤을 때 지문과 비슷하다는 잔상이 남아있어서 쉽게 적절하지 않은 답으로 고르지 못하는 경우가 많아요.

그리고 소설은 맥락을 따져보면 '이게 틀렸네!' 하는 게 확실한데, 시는 뭔가 해석이 다양하다고 해야 하나? 뭔가 판단하기가 애매해요. 문학에서 옳은 선지는 '이게 진짜 가능한 것으로 봐도 되나?' 싶고 틀린 선지는 '내가 뭔가 잘못 해석해서 가능한 선지인데 근거를 못 찾은 건가?' 이런 식으로 시간이 오래 걸려요. ㅜㅜ 어떻게 접근해야 좀 더 정확하게 선지를 판단할 수 있을까요? 그냥 주관적으로 어떤 조언이든 좋아요! -배○윤

A. 사실 문학이 이런 부분이 어려운 거죠ㅜㅜ 어디까지가 맞는 해석으로 볼 수 있고, 어디까지는 과한 해석 or 잘못된 해석인지. 제가 경험한 바로는 그게 **"감"**으로 축적되어야 하는 것 같아요.

제가 원래는 문학은 따로 공부 안 할 정도로 자신이 있었는데,

그렇게 공부를 안 하고 비문학만 하다 보니 학생이 말한 해석할 때 애매한 부분에서 막히면서 틀리게 되었거든요. 그래서 이를 극복한 방법은 그 감을 다시 끌어올리는 거였어요.

1. 문학 선지 해석에 대해,

기본적으로는 내가 작품을 어느 정도 해석할 능력이 있어야겠죠?

그리고 나서 문제 풀러 갔을 때, 적절한 선지를 고르라는 건 해석의 다양성을 배제하고 누가 봐도 지문에만 근거해서 봤을 때 100% 해석이 맞아 떨어져야 해요.

반대로 적절하지 않으려면 예를 들어 아예 반대 감정이거나, 아예 화자랑 동일시되는 대상인데 대비된다고 하는 등의 이유로 틀려야 합니다!

2. 보통 해석의 다양성은 배경 지식이나 외적 준거 등을 끼워넣었을 때 '~게 해석할 수 있겠군.' 하는 식의 열린 해석인 건데, 이렇게 나올 경우, 발문이 '보기를 참고하여 윗글을 해석~'으로 나오며 평가원이 보기나 제시문으로 해석의 방향을 정해 줄 거예요. 따라서 해석이 다양하지 않을까 하는 걱정은 크게 하지 않아도 됩니다. 출제자가 가장 싫어하는 게 이의 제기이니까요.

그러면 반드시 그 관점에 따라서 해석을 해야 하기 때문에

적절하지 않은 것을 고를 경우 (보통 보기 문제는 않은 걸 고르는 것이 대부분이죠)

1) 보기의 해석에 어긋남

2) 지문과 내용이 불일치함

으로 근거를 잡을 수 있어요

이에 예전 문학 기출은 1)만으로 답이 골라졌다면

요즘은 문학이 어려워지니 보기와는 맞아 보이나, 지문과 불일치하는 식의 선지를 많이 구성하죠 (=1)은 충족시키지만 2)를 충족시키지 않는 경우)

이런 선지가 매력적 오답입니다. 보기에 있는 말을 그대로 가져다 쓰니, 선지만 보면 맞는 말처럼 보이거든요.(이게 학생이 말한, 까놓고 보면 완전 헛소린데 시험장에서 쓱 보면 맞아 보이는 선지죠)

따라서 이런 경우 반드시 '지문의 내용을 고려'해야 하는 거예요. 그걸 알고 문제를 푸는 거랑 모르고 무작정 들어가는 거랑 보는 시야가 많이 달라지더라고요.

3. 말이 길어졌는데, 근본적으로 그 감을 끌어 올린 것은

기출 먼저 독해+풀고 → 해설지와 비교

하는 거였어요.

내가 맞게 해석했는지, 내가 근거를 잘 잡은 건지는 해설지를 보면 알 수 있으니까요.

점점 해설지 및 강의의 말과 비슷해진다면 앞서 말한 그 '어디까지~'에 대한 경계가 잡히는 거니까 너무 걱정하지 않아도 됩니다.

4. 이런 건 오히려 기우가 많은 상위권 학생들이 하는 걱정인데, 글을 읽어보면 학생이 너무 걱정할 건 아닌 것 같지만 저만의 작은 팁이 있다면,

5. 문학은 선지를 판단할 때 너무 많은 생각을 하면 안돼요. '이 말이 이렇게 보면 저래서 이것도 맞다고 할 수 있지 않을까?' 혹은 '아니 근데 이 말이 꼭 저렇다고까지 하긴 좀 그렇지 않나?' 하

면, 그 생각이 꼬리에 꼬리를 물지 않도록 생각을 딱 끊어버리고

1) 지문으로 돌아가서 근거찾기 - 선지만 보면 맞는 말로 내가 합리화시키니까!

2) 두 선지 중 '가장' 적절한 것, '가장' 적절하지 않은 것 고르기 - 진짜 실전에서 고민될 땐 그렇게 해 놓고 별표 치고 넘어가 세요~

모르는 것 쿨하게 넘어가는 것도 연습이고 공부입니다!

Q. 문학 보기 등한시하는 습관

12번에 1번에서 큰 강이 역사적 현실의 비유적 표현이라는 것은 어떻게 알 수 있죠? -김○영

---

12. 〈보기〉를 바탕으로 (가)를 이해한 내용으로 적절하지 않은 것은?

> ─── 〈보기〉 ───
>
> 육사의 유년 시절은 그가 쓴 수필에서 확인할 수 있다. 그는 항일 의병장을 여럿 배출한 선대로부터 대의명분을 중시하고 눈물을 흘리지 않는 사람이 되라고 배우며 자랐는데, 이러한 지사적 가풍이 자신의 일생을 지배했다고 고백한다. 또 그는 고향의 낙동강 가에 앉아, 강물의 큰 흐름을 생각하며 세상을 향해 나아간 '영웅'의 이야기에 심취했다고 한다. 이러한 유년의 경험은 민족사의 부활을 믿고 이를 위해 헌신한 그의 삶에 영향을 끼쳤다. 또한 삶과 시를 일치시킨 그의 시 세계를 구축하게 하였다.

① 3연의 '큰 강'은 역사적 현실의 비유적 표현이겠군.

② 4연의 '곧은 기운'은 선대로부터 배우고 익힌 기상의 의미이겠네.

③ 5연의 '동상'은 현실에 타협하지 않고 신념을 지키려는 당당함의 표상이겠네.

④ 6연의 '노래'는 고향에 대한 상실감을 표현한 슬픔의 노래이겠군.

⑤ 7연의 '너조차 미친들 어떠랴'에서는 화자의 시련 극복의 의지가 느껴지는군.

2020학년도 6월 모의평가 14번

A.

발문을 다시 확인해주세요.

보기를 바탕으로 작품을 이해해야 하는 문제입니다^^

보기를 보면

'강물의 큰 흐름을 생각하며'라는 언급이 나와 있어요.

이 부분을 통해 해당 선지를 유추할 수 있는 것이랍니다.

그리고 역사적 현실은

하나의 역사적 흐름이라고 생각하면 되고 목놓아 흐른다는 것이

마치 목놓아 우는 것과 같은 맥락에서 해석할 수 있으므로 우리

민족의 슬픈 역사 정도로 생각해 주면 됩니다.

> **Q.** **2022 개정 수능에서 ebs 연계작품은 어떻게 공부해야 하나요? 연계율이 50%로 줄었는데 그래도 공부해야 하나요?**
>
> 제가 이번에 수능특강을 문학만 샀는데요! 제가 고3 때도 수능을 봤는데 작년에는 여러 번 읽어보고 연계 대비하고 수특도 풀어보면서 해서 연계를 아주 잘 느꼈어요. 그런데 이번에는 간접연계 직접연계 어쩌구... 하는데 어떻게 학습해야 하나요? -신○수
>
> 올해 연계율도 50으로 떨어지고 간접연계로 모두 바뀌는 것으로 알고 있는데* 그러면 ebs를 공부하는 게 어떤 의미가 있는 건가요? 어떻게 어디까지 공부를 해야하는지 궁금해요. -백○은

A. 답변하기에 앞서, 많은 학생들이 잘못 알고 있는 부분부터 지적할게요.

국어 영역은 원래부터 간접 연계였어요. 평가원 공식 답변에 따르면 "*국어 영역은 이전부터 EBS 연계 교재의 지문 및 문항을 그대로 가져오는 직접 연계가 없었으며, 지문의 일부나 주요 화제, 핵심 논지 등을 연계하는 간접 연계 방식을 취해 왔으므로 연계 방식이 이전과 달라지지 않습니다.*"라고 했습니다.

---

* 학생이 잘못 알고 있다. 국어 영역은 원래 간접 연계다.

연계율이 20%p 줄어드는 것은 이미 2021 6평에 최초로 고전 시가가 비연계로 나온 것에서부터 체감하셨죠? 그래도 문학 작품 6개 중 3개가 그대로 나온다는 뜻이니 여전히 ebs 작품 공부는 유의미합니다. 이걸 따지는 것도 우스운 게, 그냥 **수험생이 할 수 있는 모든 공부는 하는 게 맞아요.**

그리고 어떻게 대비할지에 대해,
기본적으로 작품을 공부하고 ebs 풀고 답지까지 보는 것은 똑같습니다. 다만 작품 공부할 때 출제될 만한 포인트 위주로 보고 작가 연계로 나올 수 있는 중요한 작품 몇 개 정도 알고 고전 시가는 기출 보면서 주요 작품 눈여겨 보면 좋겠네요.

그런데 이런 건 강의의 도움을 받는 것이 효율적입니다. 요즘은 정말 좋은 컨텐츠가 넘쳐나기 때문에 스스로 주요 작품들을 싹 다 찾아서 공부하는 건 미련한 짓이고, 강의에서 정리해 준 작품들 떠 먹여 주면 잘 받아먹는 것만으로 충분합니다.

Q. **강의에서 배운 것을 어떻게 체화* 하나요?** (문학 기출 공부 방법)

강의를 들으면서 비문학 읽는 방법들은 체화되고 있는 것 같은데 문학은 강의를 들어도 체화되는 느낌이 안 들더라고요.

선생님 말씀대로 제목 확인하고 작품 읽으면서 대상이 나오면 상반인지, 동일시인지 대충 파악은 하는데 이 과정을 그냥 형식적으로만 하는 것 같고 오답하는 방법을 잘 모르겠어요.

조교 선생님은 문학 기출을 어떤 방법으로 공부하셨는지 궁금합니다. -이ㅇ진

---

* 체화: 생각, 사상, 이론 따위가 몸에 배어서 자기 것이 됨. (출처: 표준국어대사전). 공부에서 체화란, 강의에서 배운 것이 몸에 배어서 선생님 것을 넘어선 자기 것이 되어 시험 볼 때 바로 쓸 수 있도록 몸에 완벽하게 익히는 것.

A. 강의 들은 직후에, 내가 강의 듣기 전에 예습으로 독해한 것과 선생님께서 독해하신 것을 비교해 보세요.

내가 다르게 생각한 부분에 대해, 틀렸다면 왜 이렇게 독해하면 안 되고 어떤 것을 놓쳤는지 확인하시고요. 혹은 이 해석도 맞지 않을까 싶은 것들은 질문 게시판을 활용해 질문하세요.

그 후 강의에서 선생님께서 독해하신 대로 글을 두세 번 다시 읽으면서 사고 과정을 교정하세요. 매우 중요한 작업입니다. 그리고 강의에서 알려 주신 개념, 개념어 선지 등을 다시 보면서 암기하시고요.

끝으로 강의에서 배운 글 읽기 방법대로 평가원 기출에 적용해서 독해하고 문제 풀어주세요. 그리고 해설지와 비교하면서 내가 올바르게 독해했는지 점검하고 놓친 부분들 체크하면서 강의에서 배운 것을 적용해 체화하는 연습을 해주세요.

Q. **문학에서 항상 두 선지 중에 고민하다가 틀리는데 어떡하죠?**

제가 모의고사를 보면 항상 두 개의 선지의 갈림길에 서게 되는데요. 항상 둘 중 하나는 답이 있는데 저는 답을 족족 피해갑니다. 이건 제가 오답 트랩에 걸리는 것인지 아니면 그냥 제가 내용 이해든 뭐든 문제를 못 풀어낸 건지 이유를 몰라 답답합니다. 그것도 비문학, 화작 두 군데에서 이런(두 선지 중 헷갈리는 상황) 문제가 발생하니 더욱 원인을 모르겠습니다. 제가 그냥 아직 부족한 건지 어떤 점에서 부족한 것 같은지 알려주시면 감사하겠습니다. -정O지

A. 오답하면 표면적인 이유는 알 수 있겠죠. 매력적인 오답 패턴은 이러이러했는데 내가 이걸 놓쳐서, 내가 발문을 잘못 봐서, 내가 이 부분을 오독해서 등등...

하지만 본질적인 이유는 같습니다. 오답을 제치고 정답을 고를 만큼의 실력이 안 되었으니까요. (실수도 마찬가지입니다. 실수를 고치지 못하고 시험장에서 틀리면 그 순간 실력이 돼요.)

각자 이유에 맞는 해결법으로 그럼 같은 이유로 안 틀리려면 어떻게 해야 할지도 생각해 보시고 궁극적으로는 매력적 오답 사이에서 고민하지 않고 정답을 고르도록 실력을 기르세요.

- -

＋ 시험장에서 시간이 없는데 두 선지 중 고민될 때는, 두 선지 모두 틀린 선지라고 생각하고 각 선지가 틀린 이유를 대 보세요.

둘 다 오답이라고 가정하라는 이유는 보통 생각이 많거나 상위권 학생들이 오답을 정답처럼 쉽게 합리화하기 때문이에요. '이런 부분은 이렇게 보면 맞다고도 생각할 수 있지 않을까?'와 같이요. 이런 생각에 빠지지 않도록 아예 둘 다 틀렸다고 가정하고 오답을 소거하는 것이 더 정확하고 빠릅니다. 이 방법이 어렵다면 지문으로 돌아가서 근거 찾는 연습을 더 하세요.

Q. **EBS 비연계인 낯선 작품이 나오면 항상 틀려요. 남은 기간 동안 차라리 EBS 복습하는 게 나을까요?**

강의 들으면서 복습하고 공부하면서 문학 문제도 많이 맞추고 성적도 많이 올렸는데요. 연계가 안 된 지문이 나오거나 문제를 풀 때 선지 2개 중에 항상 고민하고 틀리고 해서요.
지금 시점에서는 새로운 강의 듣는 것은 너무 늦고 차라리 EBS를 더 복습하는 게 나은 선택일까요? -유○우

A. **아니요. 낯선 작품 공부를 반드시 하셔야 합니다.**

EBS 연계작도 처음 볼 때 작품 스스로 독해하는 연습한 후에 작품 공부하셔야 하고 그 외에 기출도 먼저 독해하는 연습을 해야 해요.

갈래별로 어떻게 독해할 것인지 틀을 잡아놓고 그대로 독해한 뒤에 해설지와 비교하고, 문제 풀이도 꾸준히 하면서 감을 쌓으셔야 합니다.

이제는 연계율이 더 줄었고 공통 영역의 비중이 커졌으니 그만큼 낯선 작품 독해가 더욱 중요하겠죠.

- -

+ 질문한 학생에게, EBS 지문 달달 외우고 공부한다고 EBS 연계작 문제 다 맞을 거라는 보장도 없습니다. 내신 볼 때 지문 달달 외워도 틀리는데요, 뭐!

Q. **아는 작품 나오면 안 읽어도 되나요?**

만약 시험에 문학 작품이 연계가 되었을 때 흔히들 안 읽고 푼다. 막 "2분컷, 3분컷 냈다." 이러잖아요. 뭐가 정답인 걸까요? 물론 작품에 대한 기억이 흐릿하다면 다 읽겠지만 그런 게 아니라 확실히 기억이 난다면 작품을 안 읽고 풀어도 되나요? 혹은 달라진 부분(추가된 부분)이 있나 체크 정도만 하고 바로 문제로 가도 되나요? -윤O원

A.　아는 작품의 경우,

저는 산문은 반드시 읽었고, 운문은 ㉠~㉤같은 구절 문제를 동시에 풀면서 읽었어요.

밑줄 문제는 앞뒤 같이 보면서 맥락을 파악해야 하니까 그걸 풀려면 결국 읽게 되잖아요? 아는 지문이면 이 과정이 쉬우니까 문제 풀면서 편하게 같이 술술 읽는 거죠.

사람마다 문학 푸는 방식의 차이가 있어서 뭐가 정답이라고 할 순 없지만, 밑줄 문제나 보기 문제는 해당 부분을 읽고 푸는 게 가장 정확해요.

아예 안 읽는 건 그다지 추천하지 않습니다~

이미 아는 지문이기 때문에 가볍게 읽는다고 해서 시간이 오래 걸리는 것도 아니고요.

———

    독서는 학생들이 국어 공부할 때 가장 많이 신경 쓰는 영역이다. 17수능 이후로 독서가 세 지문으로 고정되고 그 길이가 길어졌다. (2022 6평처럼 짧은 글 하나가 더 출제될 수 있음) 융합형 지문도 나오고 작년부터는 가나형 지문도 하나 출제된다. 그만큼 정보량이 많고 지문 자체도 어려워졌다. 이제는 단편적이고 정보량이 적고 쉬운 지문, 한 번 읽으면 다 기억나서 쉽게 풀어버리는 문제들을 생각해서는 안 된다.

    그렇다고 해서 예전 기출이 쓸모없어진 것이 아니다. 지문의 난이도가 어떻든 글 읽는 법이라는 본질은 같다. 어떻게 정보를 처리해야 하는지, 어떻게 글을 연결 짓고 생각하면서 읽어야 하는지는 같기 때문에 기출 15개년 정도는 보는 것이 좋다. 그리고 개인적으로 필자는 교육청 문제나 사설 문제도 마다하지 않는다. 잡식한다. 19 수능을 본 사람으로서, '대학수학능력평가'라는 이름 가려 놓으면 수능장에서 수능인지 사설인지 구분 못 했을 것이다. 깔끔한 글, 평가원스러운 글은 학생이 시험장에서 평가할 수 있는 것이 아니다. 그저 지금까지 쌓아온 데이터베이스를 가지고 실전에서 주어진 글을 읽고 선지를 추려낼 뿐이다.

    그렇다면 어떻게 해야 짧은 시간에 효과적으로 데이터베이스를 축적할 수 있을까? 나에게 항상 골칫덩어리였던 독서 파트가, 10월부터는 가장 자신 있는 영역이 되었다. 독서는 절대 다 못 풀고 제일 많이 틀리는 영역이 아니라, 머리는 좀 써도 확실하게 맞을 수 있는 영역이 되도록 연습해야 한다.

4

독서

> **Q.** 발문을 등한시하는 습관①
>
> 답이 3번이라는 게 납득이 안 가요. 저는 처음 풀었을 때 선지 5개 전부 틀린 선지라 생각을 했습니다. 그리고 설명을 보는데 이해가 안 가는 부분이, 도식화한 것을 실제화하면 장애물이 왜 사라지나요? –
>
> 정O우

A. 발문을 다시 읽어주세요.

발문에서 "〈보기〉는 단말기가 3개의 비콘 신호를 받은 상태를 도식화한 것이다."라고 했으니 Q는 장애물이 있을 때를 그린 것이며, '실제 단말기 위치'를 따진다면 장애물이 없을 때로 생각해야죠.

62. 〈보기〉는 단말기가 3개의 비콘 신호를 받은 상태를 도식화
한 것이다. 윗글을 바탕으로 〈보기〉를 이해한 내용으로 적
절한 것은? [3점]

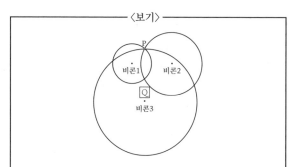

〈보기〉

*각 원의 반지름은 신호 세기로 환산한 비콘과 단말기 사이의
거리이다.

*신호 세기에 영향을 미치는 장애물이 ⊡의 위치에 있다.(단,
세 원에 공통으로 속한 영역이 항상 존재한다고 가정하며, 신
호 세기에 영향을 미치는 다른 요소는 고려하지 않음.)

① 근접성 기법과 삼변측량 기법으로 측정한 단말기의 위치는
동일하겠군.
② 측정된 신호 세기를 약한 것부터 나열하면 비콘 1, 비콘 2,
비콘 3의 신호 순이겠군.
③ 실제 단말기의 위치는 삼변측량 기법으로 측정된 위치에 비
해 비콘 3에 더 가까이 있겠군.
④ ⊡의 위치에 있는 장애물이 제거된다면, 삼변측량 기법으로
측정되는 단말기의 위치는 현재 측정된 위치에서 P방향으로
이동하겠군.
⑤ 단말기에서 측정되는 비콘 2의 신호 세기만 약해진다면, 삼
변측량 기법으로 측정되는 단말기의 위치는 현재 측정된 위
치에서 비콘 2 방향으로 이동하겠군.

출처: 2020 9월 모의평가 41번

Q. 발문을 등한시하는 습관②

1번 선지인, '불행을 사회적 관계에서 찾지 않는 것'이 윗글의 입장에서 아쉬운 것의 근거가 3문단의 '행복과 불행이 과거보다 사람들의 관계에 더욱 의존하고 있다.'라는 문장이 되는 건가요? 행복과 불행이 관계에 더욱 의존하고 있기 때문에 불행의 이유가 자신의 잘못에서 비롯될 수 있는 것만은 아니라 사회적 관계에서도 비롯될 수 있기 때문이라고 보면 맞을까요? -전○빈

13. 위 글을 바탕으로 〈보기〉의 '경수'를 평가할 때, 적절하지
　　않은 것은? [3점]

> ──────── 〈보기〉 ────────
>
> 　경수는 어떤 할머니의 고통을 소개하는 방송을 보았다. 경수는 할머니가 불행에 대비하지 못한 것이 할머니 자신의 탓이고, 그 불행이 자기에게는 닥치지 않을 것이라고 생각했다. 그렇지만 할머니가 불쌍하다고 느껴져서 방송 도중 전화 모금에 참여했다. 마음은 뿌듯했지만 경수의 일상에는 아무런 변화가 없었다.

① 불행의 원인을 사회적 관계에서 찾지 않는 아쉬움이 있군.

② 간접 경험을 통해서도 연민을 느낄 수 있음을 보여 주는군.

③ 사전에 예방이 가능한 불행을 연민의 대상에서 제외하고 있군.

④ 연민 때문에 도움을 주긴 했지만 연대로 나아가지 못한 아쉬움이 있군.

⑤ 타인의 비극이 나를 엄습할 수 있다는 인식이 없이도 연민을 가질 수 있군.

출처: 2009학년도 6월 모의평가 18번

A. 발문을 다시 확인해 주세요~

윗글을 바탕으로 보기의 경수를 평가하라고 했으니,
근거는 지문과 〈보기〉에서 찾아야겠죠.

경수는 할머니의 고통을 사회적 관계에서 찾고 있지는 않아요.
따라서 사회적 관계에서 찾고 있지 않음에 대해 비판하고 있는
1번 선지는 적절한 평가로 볼 수 있는 것입니다.

그 근거로 〈보기〉 둘째 줄에서
'불행에 대비하지 못한 것이 할머니 자신의 탓이고'라고 한 부분
을 들 수 있어요.
그 부분을 통해 경수는 할머니의 고통을 '개인적' 영역에서 해석
했다는 것을 알 수 있고
그 외에도 사회적 관계에 대한 내용이 언급되지 않았기 때문에
경수가 사회적 관계에서 고통의 원인을 찾고 있다고 보기는 어렵죠.

Q. 독서의 어휘 문제를 계속 틀리는데 어떡하죠?

어휘 문제를 자꾸 틀려요. 어렸을 때부터 책을 많이 읽어서 어휘력이 딸리는 편은 아니라고 확언할 수 있는데, 다른 비문학 문제는 잘 풀어도 이상하게 어휘 문제만 자꾸 틀려요. 예를 들면, 9모 30번처럼 문맥상 본문의 단어와 바꿔 쓰기 적절한 것을 고르는 문제에서 "저걸 넣어도 말이 되지 않나?"라고 생각해서 오답을 고르는데, 해설지 같은 곳에서도 어휘 문제는 단순히 사전적 정의만 읊어주니까 틀려놓고도 뭐가 문제인지도 잘 모르겠어요. 별 것 아니라고 생각한 곳에서 구멍이 생기니까 막막하기만 한데, 이런 유형은 어떻게 공부해야 할까요? -노ㅇ규

A. 어휘 문제에 대해 학생만의 접근법을 만들어 놓으세요~

저는 크게 세 가지 정도 사용했어요.

1. 선지와 가장 유사한 어휘로 대체해서 가장 자연스러운 것을 찾아내기

2. 어휘가 서술어일 경우- 대응하는 주어나 목적어 찾기

어휘 문제에서 보통 매력적 오답은 뜻이 비슷해 보이는데, 대응하는 주어나 목적어가 다른 경우입니다.

예를 들어 '쫓다'와 '좇다'의 경우,

쫓다 중 '어떤 대상을 잡거나 만나기 위하여 뒤를 급히 따르다.'라는 뜻을 가지는 경우 목적어에 구체적인 대상이 옵니다.

반면 쫓다 중 '목표, 이상, 행복 따위를 추구하다.'라는 뜻을 가진 경우 목적어에 추상적인 관념이 옵니다.

이런 식으로 선지를 꼬는 경우가 있어서 저는 서술어 묻는 어휘 문제는 반드시 그 앞에 오는 주어/목적어가 추상적인지 구체적, 물리적 대상인지 확인했어요!

3. 선지의 단어로 쉬운 문장 만들어보기

어휘 뜻, 어울리는 주어, 목적어 등을 확인할 수 있어요. 결국 앞뒤 문맥을 반드시 같이 봐야 하는 거죠!

그리고 문제 나올 때 그때그때 모든 선지를 표준국어대사전에 찾아봐서 정확한 의미를 파악해서, 어떤 식으로 선지를 만들어 내는지 같이 확인하세요. 맞은 문제도 꼭꼭 모든 선지요!

그걸 알면 반대로 어떤 차이로 오답과 정답을 가르는지 알게 되니까 그걸 이용해서 안 낚이는 거죠. 예를 들어, 실제로 평가원 기출 중에 '가공할'이 선지로 나왔는데 학생들은 '加工하다' 뜻만 생각했어요. 이걸 역이용해서 매력적 오답을 만들어서 동음이의어인 '可恐하다'를 문제로 냈습니다. 모양만 보면 틀리고 문맥과 뜻을 생각해야 맞출 수 있는 거죠.

4. 수능 국어 대비 어휘장 암기하기

수능에 나오는 어휘 난이도가 높아진 만큼 꼭 어휘 문제가 아니더라도 단어장 외우는 것을 추천해드려요. 영어 단어 암기만큼 비중을 둘 건 아니고 자투리 시간 활용해서 외우세요.

Q. 예전 기출은 다 맞고 금방 읽는데, 요즘 기출은 읽다보면 뭔 소린지도 모르겠고 왜 이 말이 나왔는지도 모르겠어요. 계속 읽어도 모르겠어요.

이제 공부를 좀 많이 했다 보니 2016 기출까지는 글 구조가 너무 잘 들어오고 글도 잘 읽히고 문제도 잘 풀려요. 소위 말하는 와꾸가 딱딱 떨어지는 지문의 느낌? 2019 수능까지도 이젠 너무 많이 봐서 나름 자신 있다 할 수 있겠습니다. 문제도 거의 다 맞고요. 근데 2021 기출부터 보면 뭔가 난해한 기분이 들어요. 와꾸가 딱딱 안 떨어지고 정보량도 너무 많고요. 교육과정의 변화 때문인지 정보량이 많은데 구조가 안 보여요. 그런데 이번 수능특강 독서 지문을 풀어봤더니 똑같은 느낌이에요. 이것도 평가원의 변화인 건가요? 적응해 나가야 하는 과정이겠죠? 제가 이상한 걸까요? 어떤 식으로 대처하는 게 좋을지, 아시는 게 있으시면 알려주세요. -요O림

A. 정보량이 많은 지문을 많이 접하고 구조 파악에 대해 마음을 편하게 가지는 게 중요해요.

정보량이 많은 지문은 제재 중에 과학, 기술, 법, 경제 쪽에 특히 그런 부분이 많으니까

제재 별로 나뉜 문제집 사서 이 제재들 위주로 독해하고 분석하면서 약점 보완하는 것을 추천해 드립니다.

결국 정보량이 많을 때 유기성이 안 보인다는 것은

그만큼 정보량이 많고 어려울 때 세부적인 내용에 휘둘려서 큰 구조를 놓친다는 뜻이기도 하고, 개념 자체를 이해 못 하고 넘겼을 때 뒤와 연결 짓지 못한다는 뜻이니까요.

또한 지문의 흐름이 자신이 예측한 것과 다를 수 있어요. '아, 이 말이 나왔으니까 A얘기가 바로 뒤에 나오겠구나.'라고 설계했는데 실제로는 A얘기를 하기 위해 B얘기를 먼저 꺼내는 경우도 많아요. 특히 지문과 화제의 난이도가 올라 가니까 A얘기를 바로 하지 못하고 A얘기를 설명하기 위해 B얘기를 먼저 꺼내는 경우가 많아지고 있어요. 그러니 자신이 예측한 것과 다른 내용이 나왔다고 하더라도 너무 당황하지 말고 차분하게 글 읽는 연습을 하세요. 그리고 글을 다 읽고 나서 거시적으로 보면 아예 뜬금없는 얘기를 한 것이 아님을 깨달을 수 있어요. DNS 스푸핑 지문 참고하세요.

Q. 지문을 읽을 때 자잘한 시공간적 배경에 꽂히는 경우가 많은데, 정보의 경중을 어떻게 따져야 하나요?

08학년도 대수능 [40~43] 첫 문단

"17세기 네덜란드의 경제가 급성장하고 부가 축적됨에 따라 새롭게 등장한 시민계급은 이전의 귀족과 성직자들이 즐기던 역사화나 종교화와는 달리 자신들에게 친근한 주제와 형식의 그림을 선호하게 되었다. 이러한 현실적이고 실용적인 취향에 따라 출현한 정물화는 새로운 그림 후원자들의 물질에 대한 대도를 반영했다. 화가들은 다양한 사물을 통해 물질적 풍요와 욕망을 그려 냈다. 동시에 그들은 그려진 사물을 통해 부와 화려함을 경계하는 기독교적 윤리관을 암시했다."

이 단락을 요약할 때 저는 주어를 17세기 네덜란드에서 정물화가~ 이렇게 요약을 했는데요. 17세기 네덜란드는 별로 중요한 내용이 아닌가요? 저는 비문학 지문을 읽을 때 이런 시간이나 배경에 꽂히는 경우가 많은데, 정보의 경중을 따질 때 어떻게 해야 하는지 궁금합니다. -요ㅇ림

A. 시공간적 배경이 중요한지 아닌지는 문맥과 지문 구조를 같이 봐야 알 수 있어요.

예를 들어, 만약에 지문이 시간의 흐름에 따른 변화, 배경이 주는 영향에 대한 내용이라면 '17세기 네덜란드'가 중요해지겠지만, 그보다 어떤 변화가 있는지가 중요하다면 시공간적 배경보다는 내용이 더 중요해지겠죠.

보통은 시공간적 배경은 '아, 그렇구나.' 정도로 처리하고 어떤 변화가 있는지가 중요하니까 그 부분에 초점을 맞춰 주세요.

그리고 자잘한 정보에 자꾸 꽂히는 건 연습하면서 고쳐야 하는데, 서술어를 기준으로 반드시 필요한 주성분 위주로 정보를 처리하고 그 외에 반드시 필요한 수식언은 괄호쳐서 가져가는 식으로 연습하세요. 집중력을 기르는 연습도 하시고요!

Q. EBS 독서는 어떻게 활용해야 하나요? 꼭 풀어야 하나요?

지금 EBS 수특 문학은 푸는 중인데 독서는 하나도 안 되어있는데 독서도 꼭 풀어야 할까요? 수완도 해야 되는데……. 저는 수특 수완 문학 우선으로 공부하고 바로 기출 분석하려고 했는데 독서를 수특 수완 둘 다 풀어야 되는지 너무 고민돼요. 비문학은 기출이 더 중요하지 않을까요? -최○연

안녕하세요. 현시점에서 효율적인 공부법에 대해 조언을 얻고자 질문을 드립니다. 일단 저는 국어 1등급이거나 1등급에 가까운 2등급 점수를 받고 있는 학생입니다. 저는 EBS 독서를 다 풀지 못했습니다. 또한 기출 문제집도 다 풀지 못했습니다. 둘 중 어느 것을 해야 좋을지 모르겠습니다. 6평 보면서 독서 연계 체감을 꽤 느꼈던 터라, EBS를 안 하고 가면 좀 불안할 것 같기도 하고 하지만 기출로 연습을 해야 하지 않나 싶으면서도, 연습은 파이널 모의고사로 하면 되지 않을까 싶기도 하고……. 조교님이라면 어떻게 하라고 하실 건가요? -한○지

A.

당연히 EBS 독서도 풀어봐야 합니다!

물론 EBS 체감 연계율은 독서가 문학에 비해 훨씬 떨어지지만, 그래도 수험생 입장에서 대비할 수 있는 모든 공부는 하는 것이 맞으니까요. 소재만 연계되더라도 시험장에서 익숙한 소재를 마주하면 심리적인 안정감도 있고요.

EBS 독서 활용법은 기출 분석이 끝난 후에 하세요.

기출 풀고 분석하는 것 다 하고 이제 기출에 너무 익숙해져서 낯선 지문에 적용 연습하고 싶을 때 풀어보는 용도로 쓰면 됩니다.

Q. 비문학 지문에서 갑자기 독해가 안 되고 집중을 못 할 때는 어쩌죠?

갑자기 독해가 되지 않습니다. 문제 풀 때는 딱히 구조 독해 안 하고 그냥 읽고 풀고, 내용도 머리에 잘 남아서 그냥 지문을 이해하면서 쓱 쓱 읽었는데, 요 며칠 새에 갑자기 국어 지문을 읽기만 하면 막 노래 생각이 계속 나고 지문에 집중은 안 되고 지문의 정보도 제대로 처리가 안 되어 내용 일치 문제조차도 틀립니다. 문학은 괜찮은데 유독 비문학, 문법, 비문학 융합 지문을 읽을 때 이래서 모의고사 점수도 떨어지고 문제를 풀어도 틀리는 게 우수수여서 도대체 어떻게 해야 할지 모르겠습니다. 이런 경우에는 어떻게 해야 하는 걸까요? -김○현

A. 집중에 방해되는 요소를 최대한 차단하고 집중하는 연습을 하세요!

저는 일단 노래, 유튜브, 웹툰, 등등 공부 외의 것은 9평 이후 다 끊었어요. 노래 생각은 특히나 노래를 아예 안 듣는 것이 답인 것 같아요. 한 번 생각나면 끝도 없으니까요. 이런 식으로 다른 생각이 들 수 있는 모든 가능성을 최대한 차단했어요.

한 번 다른 생각 들기 시작하면, 멈추고 심호흡한 뒤에 집중하도록 가다듬으세요.

혹은 모의고사 볼 때 이 지문 들어가기 전에 심호흡하고 순간 집중력을 끌어올리는 것을 계속 연습해서 습관화하는 것도 좋은 방법입니다.

평소에 실전처럼 집중해서 공부해야 수능장에서도 집중해서 문제 풀 수 있습니다!

Q. 문제 풀 때 비문학 하나를 꼭 다 못 풀어요. 비문학에서 너무 오래 걸리는 것 같아요.

문학을 보통 모의고사 풀면 15문제 중 한 문제를 틀리는데, 시간이 너무 오래 걸려요. 그래서 비문학 한 지문을 못 보고 찍게 되는 악순환이 반복됩니다.

특히 소설에서 다 읽고 인물과 상황, 정서를 파악하면서 문제를 푸는데, 거기에서 이해하려고 하니까 시간이 많이 써지는 것 같아요. 그래서 총 풀이 시간이 30분 정도 걸립니다.

화작문 25 / 문학 30 이렇게 해서 총 55분이 걸리는데 (문학이 더 걸릴 때도 있음) 오엠알 마킹 5분 하면, 60분

그럼 비문학에 20분을 사용하는데 한 지문당 10분 정도 소요돼서 두 지문을 풀고 한 지문을 못 보고 다 찍게 돼요.

자꾸 이런 패턴이 반복되는 것 같아서 풀면 등급이 올라가는데, 시간 때문에 못 풀어서 계속 한정된 등급에 머물러 있어서 답답해요ㅠ-ㅠ

그래서 어떻게 연습하면 좋을지 연락드립니다. -양O은

A. 일단 독서가 오래 걸리는 건지, 다른 영역들이 오래 걸려서 독서에 투자할 시간이 부족한 건지를 점검해보세요

선택 11문항 15분, 공통 34문항 65분(문학 30분, 독서 35분) 정도면 괜찮다고 생각해요.

만일 독서에 30분 이상 남겨두지 못한 것이라면 독서가 아닌 다른 영역이 너무 오래 걸리는 것이니 거기서 시간을 줄여야 해요.

화작은 긴장감 있게 빠르게 읽어야 하고 언매는 헷갈리는 개념 없이 바로 선지를 고르고 넘어갈 수 있어야 하고요. 문학도 EBS 연계 도움 받으면서, 매력적 오답에서 고민하는 시간을 줄여야 해요.

만일 그게 아니라 30, 35분씩 남는데도 한 지문을 날리는 거라면 비문학 자체가 속도가 많이 느린 거예요. 이 경우 글 읽는 방법이 체화되었다면 이제는 지문 읽을 때 시간을 타이트하게 재면서 타임 어택 느끼면서 공부하시고, 일주일에 한두 번 실전 모의고사로 시간 운용하는 연습하세요. 모르는 것 쿨 하게 넘기는 연습도 필요합니다. 파본 검사하면서 시간 분배 계획도 세워보시고요.

(위 학생은 화작(언매)과 문학에서 시간을 줄이는 것이 좋겠죠.)

Q. 지문을 읽고 문제를 풀러 가면 읽었던 걸 까먹는데 어쩌죠?

안녕하세요! 제 학습방법에 무슨 문제가 있는지 모르겠어서 여쭤봅니다ㅜㅜ 구조 독해에 있어선 문제가 없는데 왜 문제만 보면 머리가 하얘지고 그렇게 열심히 '이거 주의해야지.', '이거 연결해야지.' 생각했던 부분들이 싹 사라지는지 모르겠어요. 문제로 돌아가면 지문 내용은 진짜 머릿속에 거의 희미하게 남아서 계속 왔다 갔다 하느라 시간을 다 날려버려요. 평소에 새로운 지문들을 접할 때는 안 그러는데 시험 볼 때만 유독 지문을 잘 봐 놓고 문제 풀러 가면 머리가 백지장이 되어 답답합니다. 공부를 안 한 것도 아니고 구조 독해에 있어선 선생님께서 말씀하시는 1등급이 생각하는 부분과 표시는 다 되어 있고 하는데 이게 지문을 볼 때는 완벽하다가 문제만 보면 무너집니다. 어찌 해야 할까요.ㅜㅜ -이○연

A. 지문을 읽으면서 각 문단에 핵심 내용을 한 번 더 씹어주는 것이 필요합니다. 한 문단에 핵심 내용은 하나 혹은 두 개이니 자기가 스스로 정보를 정리하고 넘어갈 수 있어야 해요.

이를 위해 평소에 추천하는 연습 방법은, 지문 덮고 빈 노트에 문단 별로 기억나는 내용을 쭉 적어보세요. 최대한 중심내용 위주로요. 한 문단에 중심내용은 1-2개입니다. 대략적인 구조와 키워드 정도만 기억해도 좋으니 이걸 연습해보세요.

그 후 지문을 보면서 다른 색 펜으로 내가 놓친 중심내용을 추가하세요. 이걸 반복하면서 지문 읽으면서 주요 내용을 한 번 더 씹어 주고 넘어가는 습관을 들이면 좋을 것 같네요.

Q. 배경 지식은 어디까지 아는 게 좋은가요? 따로 정리하는 것이
좋은가요?

비문학 공부를 하다 보니까 분야별로 반복적으로 나오는 배경 지식
이 있어서 이런 것들을 알고 있으면 수능에 상당한 도움이 되겠다는
생각이 들더라고요. 혹시 알고 있으면 수능장에서 도움이 될 확률이
높은 배경지식을 분야별로 정리해주실 수 있으신가요? 물론 평가원
이 공개적으로 정리한 게 아니라 확실한 답변을 하기 어려울 수 있지
만 그래도 조교님의 개인적인 의견을 들어보면 많은 도움을 받을 수
있을 것 같아요.

정치 : 민주주의, 사회주의, 국민국가 등 핵심적인 정치 사상 등

인문 : 공자, 맹자, 플라톤, 아리스토텔레스 등

과학 : 항원 항체 반응

기술 : ~~

참고하시라고 간단하게 예시를 들었는데 꼭 이런 양식으로 답변하
실 필요는 없습니다! -진O민

A. **경제 파트는 기본적인 개념을 정리하는 것이 좋습니다.** 채권, 이자율, 환율, 매도, 매수와 같은 개념은 알고 있어야 지문에서 마주쳐도 쫄지 않고 자연스럽게 읽을 수 있어요.

그 외에는 기출 분석하고 EBS 독서 풀어 보면서 '이런 것들이 있구나' 하면서 이해하면 됩니다. 따로 찾아 보거나 공부하지는 않으셔도 돼요. 물론 알고 있으면 도움은 되겠지요. 하지만 많은 배경 지식 중 독서 어느 부분에서 나올지도 모르는데, 투자하는 시간 대비 효율이 그닥 크지 않습니다.

참고로 오로지 배경지식만을 가지고 문제를 풀었다가 독이 된 사례들이 있습니다. 예를 들어, 2011 수능 경제 채권 46번 문항, 2004 수능 양자역학 파트 지문 및 45번 문항은 지문을 베이스로 풀면 맞출 수 있지만 배경지식만을 가지고 풀면 틀릴 수 있는 문항들이었어요. 이 분야들의 전문가들이 이의 제기 신청을 했지만 받아들여지지 않았습니다. 지시문에 따라 '윗글을 읽고' 이를 기반으로 푸는 것이 수능 국어입니다.

Q. 과학기술 지문에서 원리나 개념 나오면 이해할 때까지 '정독'하
는 스타일인데, 시간이 너무 오래 걸려서 그냥 읽고 넘어가면
아예 못 알아듣겠어요.

지문을 읽을 때, 특히 비문학이나 소설 읽을 때 시간이 너무 많이 걸
리는 거 같아서 고민인데요. 제가 좀 정독을 하는 스타일이라 시간
줄이기가 쉽지가 않은 거 같아요ㅠㅠ

시간을 의식하고 풀려고 하면, 비문학 같은 경우에는 지문을 읽을 때
그냥 눈으로만 줄줄줄 읽고 있고 다 읽고 나면 내용이 머리에 하나도
안 남더라고요.

그래서 시간을 의식 안 하고 풀면 이해하려고 천천히 읽다 보니까 너
무 너무 느린 거 같아서 이렇게 천천히 읽어도 되는 건지 계속 고민
이 돼요ㅠㅠ 강의에서 선생님께서 주시는 시간보다 항상 좀 많이 모
자라는 편이에요.

글을 읽을 때도 얼마나 어디까지 이해하며 읽어야 할지,
꼼꼼하게 한 자 한 자 이해하면서 읽어야 할지, 이해가 잘 안 돼도 그
냥 넘어가야 할지…….

선생님이 같이 해석해주실 때 선생님은 그냥 밑줄 안 치고 넘기는 내
용들을 너무 자세히 읽고 있는 거 같아서 이런 부분들을 어떻게 해야
할지 너무 고민이에요ㅠㅠ

이해가 안 가서 그냥 그 부분을 넘겨버리면 글의 흐름이나 나중에 문
제로 그 부분이 구현됐을 때 못 풀지 않을까 싶어서요..!ㅠㅠ 어떻게
해야 이 부분을 보완할 수 있을까요? 도와주세요!! -오O린

A. 모든 글자를 다시 곱씹으면서 읽을 필요는 없지만, 적어도 한 문장을 읽고 '아, 이런 내용이구나.' 라고 스스로 정보를 정리할 수 있을 정도의 이해는 필요합니다.

읽고 나서 그냥 '아, 뭔 소리야.' 하고 다음으로 넘어가는 식의 독해는 당연히 안 되고요. 뒤에 관련된 내용이 나오거나 문제로 나오더라도 맞히지 못하겠죠. 게다가 한 번 꼬인 독해는 꼬리에 꼬리를 물어서 '갑자기 이게 왜 나와?'라며 글의 큰 구조까지 흔들립니다.

그런데 평가원 지문을 꼼꼼하게 분석해 보시면 알겠지만, 평가원은 매우 친절해요.

낯선 용어나 개념, 새로운 특징이 나올 때 절대 그냥 한 문장 띡 주고 끝내지 않아요. 뒤에 세부 설명을 하는 문장을 주거나 같은 내용을 다른 말로 바꿔서 풀어서 다시 설명해 줍니다. 그러니 처음 보는 낯선 문장이나 특히 과학 원리 등에서 이해를 바로 못했다고 하더라도 당황하거나 다음으로 못 넘기거나 하지 말고 뒤 문장들의 도움을 받으면 됩니다. 그 후 앞의 내용을 다시 보고 '아, 이 말이 이 얘기였구나. 그래서 이 말이 나온 거구나.' 하고 이해하면 됩니다. 이러한 생각을 가져야 '이해해야만 다음으로 넘어간다!'라는 생각이 사라지고 편하게 독해할 수 있어요.

심지어 2017년도 9평 [25-30] 콘크리트 지문을 보면 지문에 '포아송비'가 나오지만 지문 그 어디에도 설명해 주지 않습니다. 당황하지 말고 평가원은 낯선 개념에 대한 설명을 어디선가 주겠거니 하고 넘어가시면 됩니다. 실제로 28번 보기에서 설명해주거든요.

Q. 비문학에서 3점짜리 보기 문제를 항상 틀리는데 어떻게 풀어야 하나요?

조교님께서 오답을 할 때 마지막으로 어떻게 해야 다시 이런 문제를 틀리지 않을까에 대해 생각해보라고 하셨잖아요!!
그래서 해 보려고 어제 틀린 문제들을 보는데 3점짜리 보기 문제만 틀리더라고요. 그래도 나름대로 지문도 꼼꼼하게 읽으려고 하고 선생님께서 알려주신 대로 잘 하려고는 하는데 막상 문제를 풀면 관계성을 보기와 지문이랑 잘 체크를 못 하겠고 만약에 하더라도 그게 완벽히 이해가 안 되다 보니까 문제의 선지에서 답 찾기가 쉽지 않더라고요ㅠㅠ 이런 문제는 어떻게 해야 더 보완하고 안 틀릴 수 있을까요? -방○들

A. 저도 비문학 보기 문제를 항상 틀렸었는데, 가장 큰 문제점은 지문과 연결을 못 짓는 거더라고요!

그래서 아예 '보기는 지문의 한 단락이다.' 이렇게 못을 박아 두고 '그만큼 무조건 지문과 일대일 대응되는 포인트가 있을 것이다.'를 생각하며 보기를 읽었어요. 그래야 어떻게든 지문과 보기의 연결고리를 찾게 되더라고요.

예를 들어, 법 지문은 주로 지문에 법이 나오고 보기에 갑을병 예시가 나오지요? 그럼 보기를 읽으면서 지문에 나온 어떤 법이 적용되는지 등을 보기에 적으면서 읽었고요.

과학 지문을 예로 들자면 지문에서 세균이 직접방식을 사용한다고 했고 보기에 '살모넬라균' 얘기가 나왔으니 '아, 그럼 얘는 직접방식이겠구나.' 이런식으로 연결하는 연습을 계속 했어요. (균을 보고 어떻게 세균과 바로 연결 짓나? 할 수 있는데, 지문에서 중요하게 예시를 두 번이나 말했으면 당연히 문제로 구현될 것이라고 감을 잡고 미리 체크해 두어야 하죠. 기출을 읽으면서 쌓아야 하는 수능적인 감각이 이런 것들입니다.)

그리고 시간 재고 문제 풀 때 또 보기를 대충 후루룩 읽는 걸 방지하려고 처음에는 보기 문제에 '분석' 이렇게 써두고 읽었어요! 그걸 쓰면서 숨 한 번 고르고, 보기랑 지문을 무조건 일대일 대응시키는 연습을 했습니다. 그리고 보기 문제 대응하는 것이 체화되고 나서는 굳이 분석이라고 쓰지 않아도, 자연스럽게 읽으면서 생각할 수 있게 되었고요. (물론 그 뒤로는 분석이라고 굳이 쓰지 않아요. 이미 보기 문제를 보면 반사적으로 지문과 연결 지으며 읽는 것이 습관화되었으니까요. 진짜 자잘하지만 이렇게라도 해서 대충 읽는 습관을 고치는 거죠.)

마지막으로 보기 문제를 주관식처럼 먼저 풀고 선지를 보는 것이 좋습니다. 주관식처럼 푼다는 것은 미리 보기를 보면서 지문의 내용과 연결 짓고 '얘는 그럼 이렇겠네, 쟤는 저렇겠네.' 하면서 미리 보기를 판단하는 거예요. 선지에서는 윗글을 바탕으로 보기를 해석한 것을 묻는데, 선지 1번 갔다가 다시 보기 가고, 선지 2번 갔다가 다시 보기 가는 식이 아니라 보기를 이미 해석하고 선지 말이 틀린지 맞는지만 판단하는 거죠. 보기를 해석한 게 그대로 선지로 나오고요. 그래야 그럴 듯하게 맞는 말처럼 보이는 매력적 오답에 안 빠지고 정답을 쉽게 고를 수 있어요.

이런 식으로 스스로 문제 풀면서, 어떻게 보완할지 생각하고 지금처럼 잘 안 되는 부분은 질문하면서 조언 구하면 좋습니다.

> **Q.** 비문학 내용 일치 문제를 유독 잘 틀리는데 어떻게 보완하는 게
> 좋을까요? 특히 사소한 수식 관계를 쉽게 놓쳐요.
>
> 비문학에서 내용 일치 문제를 풀 때 앞 쪽에 정보가 나와 있으면 까
> 먹고 쉽게 못 지우고 틀리는 거 같아요. 특정 대상에 대한 짧은 수식
> 이 등장하였을 때 특히 더 그러는 것 같아요. 지문 읽을 때 어떤 부분
> 에 무게를 두고 읽다 보니 사소한 수식 관계는 쉽게 놓치는데 어쩜
> 좋죠? -김O우

A. 두 가지를 꼭 기억해 주세요.
1. 지문에 놓치기 쉬운 정보와 시그널이 있는 정보* 표시해 놓
   고 읽기
2. 문제 풀 때 표시해 둔 정보로 돌아가서 확인하고 선지 판단
   하기

무의식적으로 밑줄 치고 동그라미 치면서 읽는 학생들이 많은
데, 그거 표시한다고 더 잘 기억나는 게 아닙니다. 표시를 하는 이
유는 가독성을 위해/ 정보 찾을 때 빨리 찾기 위해서인데, 세부 내
용일치를 틀리는 것도 이 표시를 적극 활용해서 고칠 수 있어요.

질문 남겨준 학생은 특히 수식 관계를 놓치는 것이 고민이라고

---

* '다만, 이때, 항상, 예외적으로, 반드시' 와 같은 시그널

했는데, 저도 마찬가지의 고민이 있었어요. 해결 방법은 <u>수식하는 절</u>에 괄호를 치면서 읽는 겁니다. 모든 수식절을 치는 것은 아니지만 새로운 정보를 남기는 수식절의 경우에는 특히요. 게다가 요즘은 정의를 'A는 B이다. A는 C한다.'가 아닌 'B인 A는 C한다.'라는 식으로 줍니다. 즉 정의는 관형절로 주는 거죠. 학생들은 B라는 명사에 쉽게 현혹되고 'C한다'에만 밑줄 치고 기억하지만 실제로 이해하는 데 중요한 개념, 정의는 'B인'에서 나와요. 그럼 우리는 이걸 안 놓치기 위해 '(B인) A는 C한다.'로 표시하며 읽어야겠죠.

→ 예를 들어, 2017 수능을 보면

"이에 따라 산성의 환경에서 왕성히 생장하며 항상 젖산을 대사산물로 배출하는 c 락토바실러스 루미니스(L)와 같은 젖산 생성 미생물들의 생장이 증가하며 다량의 젖산을 배출하기 시작한다."

라는 말이 나와요.

그리고 적절하지 않은 것을 고르라는 34번 문항의 정답 선지는 "b와 c는 모두 반추위의 산성도에 따라 다양한 종류의 대사 산물을 배출하겠군."입니다.

이때 b는 스트렙토코쿠스 보비스(S)이고 맞는 말이지만, c인 락토바실러스 루미니스(L)은 틀린 말이에요. 그 이유는 위에 나온 문장에서 락토바실러스 루미니스를 수식하는 절인 "항상 젖산을 대산산물로 배출하는"이 있기 때문이에요. c는 다양한 종류의 대사 산물을 배출하지 않고 항상 젖산만을 배출하므로 틀렸기에 정답입니다.

'항상'이라는 시그널 자체가 이 수식절은 중요한 새로운 정보

임을 알려주기에 저는 무조건 "항상 젖산을 대산산물로 배출하는"에 괄호를 쳤어요. 물론 선지를 보고 디테일한 내용이니까 지문의 b, c 부분으로 돌아가서 내용을 다시 확인했고요.

선지만 놓고 보면서 잔상 독해하는 것보다 시간도 덜 걸리고 정확도도 높이는 방법입니다!

Q. 지문을 제대로 읽었으면 정말 문제 풀 때 지문으로 아예 안 돌아 가나요? 그게 가능한가요?

정확하게 독해를 했으면 문제를 풀다가 지문으로 돌아갈 일이 없을까요?
지문을 안 보려고 하면 잔상 독해를 할 것 같고, 지문으로 자주 돌아오면 시간도 오래 걸리고 처음 읽을 때 대충 읽을 것 같아요.
최대한 이해하려고 하면서 읽고 꼭 필요한 부분만 가서 체크를 해야하나요?
답으로 고를 선지만 지문으로 가서 확인을 한다거나……. 그런 조언부탁드립니다!!
특히 과학기술처럼 정보량이 많은 지문에서요! -김O휘

A. 아니요, 당연히 모든 내용을 암기할 수는 없기 때문에 문제 풀때 지문으로 돌아갑니다.

예전에 독서가 쉬웠던 시절에는 인문학 지문 정도는 다시 안 돌아가도 됐었지만,
지금은 독서에서 지문의 정보량이 많아지고 선지에서 요구하는 정보 또한 두 문단을 합쳐야 나올 수 있을 정도로 난이도가 어려워졌어요. 그러니 정확하게 독해를 했더라도, 지문으로 들이기는 것이 자연스럽습니다.

오히려 선지만 놓고 '이거 지문에서 본 말인데.'하고 골라 버리는 '잔상 독해'가 더 위험해요. 그걸 이용한 매력적 오답들이 많으니까요.

이렇게 헷갈릴 때는 물론이고 선지 판단할 때 지문으로 돌아가서 찾아주세요. 이걸 빨리 찾기 위해 지문에 중요한 정보는 표시하면서 읽는 거니까 표시를 적극적으로 이용하시고요.

Q. 한 단락을 묶어 놓은 블록 문제는 거기만 읽고 풀어도 되나요?

보통 지문을 다 읽고 문제 풀라고 하는데, [A]로 한 단락을 묶어놓고 묻는 문제는 [A]만 읽고 그 문제만 풀어도 되나요? 그리고 다시 남은 문단들 읽고 문제 푸는 식으로요. -이○린

A. 네.

저는 한 문장이나 한 단어만 밑줄 치고 물어보는 문제는 앞뒤 맥락이 중요하므로 다 읽고 풀지만,

한 단락을 통째로 [A] 이렇게 묶어놓은 경우 그 단락만 읽고 해당 문제를 바로 풀러 갑니다.

특히 과학, 기술이나 경제에서 [A]에 정보량을 몰아 넣고 [A]에 대한 이해를 묻는 문제가 많은데 이 경우 기억이 남아 있을 때 바로 문제 푸는 것이 훨씬 효율적이에요.

만약 선지에서 [A] 단락에 나오지 않고 다른 단락에 있는 내용을 묻는다면 그 선지는 일단 냅두고 다 읽고 나서 ○× 판단하면 됩니다. 물론 이런 경우는 거의 없습니다.

쓸데없는 생각 말고 공부나 해. 그런 고민들 괜히 공부하기 싫어서 하는 거지."

수험 생활을 하다 보면 한 번쯤 듣는 얘기다. 그러나 나는 절대 공감하지 못한다. 수능에서는 생각보다 별 거 아닌 듯한 이유로 점수가 오르내린다. 모의고사 문제 풀이 순서는 어떻게 해야 하는지, 잡생각 나는 건 어떻게 물리쳐야 하는지, 수면 시간이나 공부 시간은 얼마 정도로 잡아야 하는지……

내가 수험생일 때도 같은 고민을 했고 아주 많은 수험생이 같은 고민을 하고 있다. 이런저런 실패와 성공을 겪으면서 고민에 대한 오답과 정답을 알았기에, 수험생이 같은 고민을 하며 시간 낭비하지 않도록 따로 '고민 상담'을 마련했다.

이 장을 읽고 더 이상 고민거리에 빠지지 말고 훌훌 털고 일어나 공부하기를 바란다.

5

고민 상담

Q. 모의고사 어떤 순서로 풀어야 하나요?

안녕하세요. 조교님 제가 집중력이 좀 안 좋아서 문학을 풀고 비문학을 들어가면 너무 지친 상태여서 선생님 방식으로 접근하는 게 힘들어요ㅜㅜ 연습할 땐 잘 되는데 풀모의고사로 풀 때 좀 버거운데 그냥 화작문 풀고 비문학 2개 풀고 문학 풀고 나머지 비문학 푸는 방법으로 바꾸는 게 괜찮을까요?? -장○운

선생님 안녕하세요. 시험을 볼 때 시간이 너무 부족하다는 생각이 들어요! 사람마다 개인차가 있겠지만 혹시 국어영역 시험을 볼 때 조금 수월하고 시간을 단축시킬 수 있는 풀이 순서가 있을까요...? 물론 연습에 연습이 중요하다지만 감을 잡는 게 너무 어려워서 이렇게 부탁드립니다ㅜㅜ -신○휘

A. 정해진 순서는 없습니다!

제가 무조건 이렇게 하라고 얘기할 수는 없고요. 다만 꼭 하셔야 하는 건 사설 모의고사나 교육청 모의고사 등을 통해 실전연습할 때 순서를 이리저리 바꿔보면서 수능 전까지 나에게 맞는 순서를 찾는 거예요.

예를 들어,

1. 순서대로
2. 선택과목→ 문학→ 독서

3. 선택과목→ 독서→ 문학

4. 선택과목→ 독서 두 지문→문학→ 독서 가장 어려운 지문

5. 독서 가장 어려운 지문 빼고 순서대로→마지막에 독서 가장 어려운 지문 이런 식으로 여러 가지가 있겠지요.

저는 모든 순서를 다 해봤고 마지막에는 왔다 갔다 하는 게 정신없어서 그냥 순서대로 풀었어요. 다만 마지막에 문학 지문을 풀도록 했어요. 시작하고 10분과 마지막 10분의 밀도는 정말 다른데 저는 마지막에 떨려서 비문학은 집중이 안 되고 문학을 풀어야 하더라고요. 그런데 막상 수능을 보니 19 수능 때 화작문이 매우 어렵게 나왔고 예상했던 시간 분배와 달라져서 5번 방법으로 풀었습니다. 이처럼 학생도 스스로 맞는 순서를 찾으세요.

제가 꼭 이렇게 하라고 할 수 있는 것들은

1. 처음부터 독서 지문을 푸는 것은 지양 (지문이 안 읽힐 수도 있어서)
2. 평소 시간 압박을 많이 받는 학생은 마지막에 문학 한 지문 풀기(5분 남았을 때 급해져서 글이 잘 안 읽히는 경우)
3. 사설 모의고사 볼 때 여러 순서를 돌려 보면서 나에게 맞는 순서 찾기
4. 되도록이면 선택과목 먼저 풀기

입니다^^

Q. 개념은 언제까지 끝내야 하나요? ××강의는 언제까지 다 들어야 하나요? ××강의를 ×월까지 하면 너무 늦을까요?

강의들은 모두 대략 몇 월까지는 어떤 강의를 다 들어야 하고 그런 게 있을 것 같은데 언제까지 끝내야 하는지 몰라서 대충이라도 알려 주시면 좋을 것 같아요. -권○리

이제 막 개념 강의를 듣기 시작한 고3인데요. 슬슬 수능특강 관련 강의가 올라오는 것 같더라고요. 일단 지금 하던 개념 강의를 끝내고 4월 말이나 5월 초쯤에 수특을 들으면 너무 늦을까요? 일단 수특 강의를 먼저 듣고 개념 강의를 끝내야 할까요? 강의들을 언제까지 끝내야 하는지도 잘 모르겠어요ㅠㅠ -한○연

A. 비슷하게 많이 올라오는 질문인데, 수능에서 '개념을 끝낸다'라는 것은 없어요. 어디까지가 '완벽 대비'이고 어디까지가 '끝냄'인 거죠?

물론 '개념 후 문제풀이 후 심화'라는 큰 틀은 있지만 개념을 배울 때 문제 풀이를 병행해야 하고 문제 풀이, 심화 강의 때 개념을 병행해야 해요.

큰 틀우 모두 사설 강의가 비슷하듯, 1월~3월까지 기초 개념, 3월~6월까지 문제 풀이, 6월~9월까지 심화, 9월~10월 말까지 파

이닐 및 실전 모의고사로 이루어집니다. 이 속도대로 따라가는 것이 가장 좋지만, 내가 그전까지 소화를 못 했다고 해서 늦었다고 할 수도 없고 무작정 빠르다고 좋은 것도 아니에요. 꼭 풀커리를 탈 필요도 없고요.

강의를 언제 완강하냐가 중요한 것이 아니라, 내가 개념을 내 것으로 만들었는지, 제대로 소화했는지가 더 중요합니다. 그러니 새로운 강의가 올라온다고 해서 불안해 하거나 억지로 빨리 들을 필요가 전혀 없어요.

최악은 속도에 맞춘다고 예습, 복습 안 하고 1.5배속 돌려놓고 강의를 드라마 보듯이 보는 거예요. 먼저 책에 나와 있는 개념 읽고 문제 풀고 예습 마친 후에 강의 집중해서 듣고 다시 내 손으로 풀어 보면서 강의를 복습하고 관련된 기출 문제 풀면서 소화해야 합니다. 남들 따라서 모든 강의 듣는다고 하지 마시고 본인이 부족한 부분을 강의의 도움을 받아 메꾼다는 생각으로 천천히 하세요.

Q. **배운 내용 정리하고 싶은데 들었던 강의 다시 들어도 되나요?**

강의 완강이 얼마 안 남았는데 완강 후 다시 보고 싶은데 어떻게 복습하면 좋을지 알려주세요. 다시 강의를 듣는 건 비효율적인가요? - 도O진

강의를 들어서 문법 개념이 탄탄했는데 정리 한 번만 하고 안 보니까 부분부분 개념을 잊은 것 같은데 인강을 다시 듣는 게 좋을까요? -김O림

A. 아니요!
강의를 다시 듣는 건 시간 대비 비효율적이라 별로 추천하지 않습니다.

강의 듣는 것은 공부 중 가장 쉬운 공부예요. 가만히 앉아서 고개를 끄덕거리며 듣는 것이고 심지어 내가 이전에 들었던 내용이기 때문에 내가 다 안다는 착각에 빠지기 쉬워요. '그렇지 그렇지' 하면서 들으니까 더 하고 싶은 공부이기도 하죠. 시간도 잘 가고요.

하지만 공부는 모르는 것을 아는 것으로 만드는 것이지, 아는 걸 반복하기만 해서는 안 돼요. 다시 정리하고 싶어서, 기억이 안 나서 강의를 다시 듣지 마시고요. 강의에서 다뤘던 지문을 다시 쭉 풀어보고 개념이 적힌 부분을 다시 읽으면서 내 것으로 만드세요. 눈으로 보는 것과 내가 직접 해 보는 건 또 다릅니다. 특히 독서 파트는 내가 체화하는 것이 중요합니다. 문법 파트 또한 개념 강의 여러 번 듣는 것보다 한 번 제대로 듣고 스스로 남에게 개념을 설명할 수 있을 만큼 익히고 문제 풀면서 개념 복습하는 것이 훨씬 효율적입니다.

Q. N회독은 어떻게 하는 건가요? 꼭 해야 하나요?

안녕하세요

기출 분석할 때 다들 무조건 n회독이라는데 1회독만 하고 틀린 문제만 다시 풀고 분석하는 건 부족한가요?

제 분석법은

작품이해 (문학 : 리얼 작품이해/ 비문학: 지문 구조파악 (ex: P&S , 과정설명 등)

> 문제 풀이 > 근거 찾기 > 답이 답인 이유 > 내가 그 선지를 고른 이유 > 그게 답이 아닌 이유 > 오답 패턴 정리 > 정답률표 보고 정답률이 70퍼센트 이하인 문제 중 고른 확률이 10퍼센트 이상인 오답 선지들을 왜 친구들이 골랐을지 파악해보기

이렇게 분석하고 있거든요!

(4-6 단계는 확실히 맞은 문제의 경우 넘어가요)

만일 이렇게 1회독을 한다면 2회독 때는 뭘 해야 하는 걸까요ㅠㅠ?

위 방법대로 1회독 + 틀린 문제는 다시 분석으론 많이 부족할까요?

지금부터 하면 시간이 좀 부족할 거 같아서요 N회독 하기에. -오ㅇ지

A. 제가 하고 싶은 얘기가 질문에 다 담겨 있어요.ㅎㅎ

결론부터 말씀드리자면, n회독의 숫자에 연연할 필요가 없습니다.

(질문한 학생은 이미 n회독을 잘하고 있어요.)

굳이 따지자면 3회독 정도가 되겠네요. 제가 생각하는 3회독은 아래와 같아요.

1회독: 문제 풀기. 이때 지문 읽고 각 선지에서 맞고 틀린 근거를 잡겠지요.

2회독: 오답 및 해설지와 비교. 해설지를 보지 않고 틀린 문제를 오답합니다. 그 후 해설지와 비교하면서 모든 문제에 대해 내가 찾은 근거가 맞는지, 내가 지문을 올바르게 독해했는지 비교합니다.

3회독: 이 지문, 이 문제들을 통해 내가 가져갈 점 정리 및 체화. 같은 지문, 같은 문제가 다시 나오지는 않아요. 하지만 유사한 패턴의 매력적 오답, 유사한 글 구조, 같은 개념어 등은 반복적으로 출제가 되지요. 우리의 목표는 수능장에서 만나는 낯선 문제를 푸는 것이기 때문에 내가 여기서 가져갈 점을 생각하고 최대한 뽑아 가야 해요. 그게 기출에 집착하는 이유입니다. 그리고 말로만 '~하자.'라고 적어두지 않고 실제로 체화해서 다른 기출에 적용하면서 수능장에서 써먹을 수 있도록 체화하면 됩니다.

그냥 문제를 3번 다시 풀어보는 것, 지문을 그대로 요약하는 것, 내가 고른 이유를 받아 적는 것은 의미가 없습니다. n회독을 하려고 한다면 왜 하는지 궁극적인 이유를 생각해주세요. 그저 주변에서 기출이 중요하다고 하니까, n회독하라고 하니까 하는 것은 좋은 공부가 아닙니다.

Q. 기출 풀 때 읽었던 지문은 기억이 나는데 어쩌죠? 실력 향상 때문이 아니라 지문과 작품이 기억이 나서 잘 푸는 느낌이 들어요.

안녕하세요. 선생님 현역 때는 공부를 하는 척만 하다가 제대로 마음 먹고 재수를 시작한 재수생입니다.

국어 기출문제를 풀면서 자꾸 드는 고민입니다.
제 고민은 기출문제를 풀 때 자꾸 기억에 의존하면서 풀어서 시간도 줄고 점수도 조금씩 올라가는 것이 고민입니다. 실력 향상 때문이 아니라 그저 지문과 작품이 기억이 나서 잘 푼 것 같은 느낌이 자꾸 들어서 이게 맞나 싶습니다.

현역 때 풀 때는 3개년 기출문제를 풀 때도 항상 시간에 쪼달리며 풀고 점수도 바닥이었습니다. 하지만 재수를 시작하고 선생님 강의를 접하면서 수특 강의를 보고 이번 6평 때는 문학은 연계빨로 잘 풀었지만 독서에서 망했습니다.

정말 기억에만 의존해서 풀어서 그런 건지 아니면 독해력이 조금은 올랐던 것인지 알고 싶어요.
이런 생각이 든 것은 이번 6평 끝나고 해설 강의를 본 이후부터 공부하다 든 생각입니다. -김ㅇ

A. 우선 내가 정말 실력으로 맞은 것인지, 기억에 의존해서 맞은 것인지는 본인 스스로가 제일 잘 압니다. 내가 이 지문을 읽으면서, 이 선지를 고르면서 기억이 어렴풋이라도 나면 기억의 도움을 받은 것이겠죠.

이는 n수생들이 특히 많이 하는 고민인데 당연히 기출을 반복해서 보고 분석하다 보면 외워질 수밖에 없어요. '그럼 내가 실력이 오른 건지 어떻게 확인하지?'라는 고민이 또 생길 텐데 먼저 해설지와 비교하면서 내가 지문을 맞게 독해했는지, 근거는 지문에서 올바르게 잡았는지 점검해 보시고요. 낯선 지문을 통해 실력을 점검하는 연습이 반드시 필요해요.

낯선 지문으로 제가 추천해 드리는 건
EBSi에서 '어려워요'가 많이 찍힌 교육청 문제, EBS 수능특강과 수능완성 문제, 그리고 유명한 일부 사설 모의고사입니다.

낯선 문제들을 풀어보면 내 실력이 어느 정도인지 가늠해 볼 수 있어요.

Q. 조교님은 6, 9평까지 성적이 원하는 만큼 안 나왔을 때 어떻게 멘탈 잡으셨나요? 공부 방향성에 대해 회의감이 들어서 어떻게 해야 될지 모르겠어요. 지금부터 어떻게 마무리해야 하는지 조언 부탁드려요.

이번에 문학이 평소보다 저한테는 너무 어렵게 느껴졌는데 그래도 제시문에서 최대한 근거 찾아서 풀었거든요?? 근데 문학은 문학대로 많이 틀리고 독서에서도 어휘랑 몇 문제를 더 틀려서 진짜 지금까지 수험 생활동안 최악의 점수가 나왔어요ㅠㅠ 아무리 못 쳐도 2등급 초중반은 나왔는데 78점이라 3등급 나올 것 같아요ㅜ 지금 비문학 기출 분석하면서 다른 국어 문제집이나 사설 모의고사를 풀고 있는데 잘못된 건가요? 갑자기 공부 방향성에 대해 회의감이 들어서 어떻게 해야 될지 모르겠어요. 엉엉ㅜㅜ 지금부터 어떻게 마무리해야 하는지 조언 부탁드려요ㅜㅜ -김ㅇ

A. 저도 처음엔 엄청 울고 자신감도 떨어지고, '내가 정말 국어를 못 하나' 하는 생각도 들어서 위축되었어요. 국어는 쳐다보기도 싫을 정도로요.

그런데 일단 이대로 포기하기엔 지금까지 공부해온 게 너무 아까웠어요. 그래서 9평 당일 저녁에 울면서 시험지 붙잡고 복기*하면서 한 문제씩 오답하기 시작했어요.

하나씩 오답을 해 보니까 억울하게 틀린 것 하나 없더라고요. 그동안에 이 부분을 안 건드려서 안 틀렸던 거지, 수능에서 나왔어도 똑같이 틀릴 만한 제 약점들이었어요.

그래서 '차라리 수능이 아니라서 다행이다- 수능 전까지만 약점 고치면 되지!'라는 생각을 원동력으로 공부했어요!

그리고 자신에 대한 확신에 대해서는 처음부터 있었던 것은 아니지만, 오답하고 비슷한 유형의 다른 기출들 꾸준히 풀면서 점차 답을 맞추고 글을 올바르게 독해하는 게 늘어가면서 '아, 내가 지금 제대로 하고 있구나.' 하는 확신이 들었어요. 그리고 그게 모의고사 점수로 나타나기 시작하니까 수능에서도 잘 볼 거라는 생각이 들었고요.

그러니 점수에 너무 집착하지 말고 내가 어떤 부분을 틀렸고 놓쳤는지에 주목하세요. 그리고 부디 한 번의 시험을 가지고 공부 방향을 갑자기 바꾸지는 마세요. 물론 크게 잘못된 부분이 있다면 수정 및 보완이 필요하겠지만, 갑자기 선택과목을 바꾼다거나 학원을 옮긴다거나 하는 큰 선택은 한 번의 시험을 가지고 판단할 부분이 아니에요. 그리고 실력이 아직 덜 쌓인 것일 수 있으니, 내가 잘못 공부했다는 생각을 가질 필요는 없어요.

---

* 복기는 바둑에서 쓰는 용어로, 한 번 두고 난 바둑의 판국을 비평하기 위하여 두었던 대로 다시 처음부터 놓아 보는 행위를 의미한다. 모의고사를 복기한다는 것은 모의고사를 내가 어떤 생각을 하며 읽었고 풀었고 운용했는지 처음부터 다시 돌이켜보는 것이다. 반드시 모의고사를 본 당일에 전 과목을 복기해야 한다.

086

Q. 혼자 문제 풀 때와 실전에서 점수 차이가 너무 큰데 어쩌죠?

혼자 모의고사 볼 때는 시간도 안 부족하고 점수도 잘 나오는데, 다 같이 모의고사 보는 날이면 실수도 많이 하고 시간도 너무 부족해서 막 두 지문씩 날리고 그래요. 이럴 땐 어떻게 해야 하나요? -정○민

A. 혼자서는 점수가 잘 나오는 편인데 시험점수가 너무 낮게 나온다면, 수업-자습-시험 관계에서 자습과 시험의 괴리가 너무 커서 그럴 수 있어요. **자습할 때는 권장시간을 맞췄는데 시험에서는 두 지문을 날릴 정도라면, 앞으로는 일주일에 한두 번 정도 실전연습을 병행해 주세요.** 익숙한 평가원 지문이라서 잘 읽히는 것일 수도 있으니까요. 낯선 지문은 유명한 실전 모의고사나 난이도가 높은 교육청 문제(EBSi에서 어려워요가 많은 것)를 추천합니다.

그리고 **수능 때 불안감, 긴장, 집중력 저하를 해결하려면 평소에 공부할 때랑 시험 때 차이를 줄여야 해요.** 불안감과 낯선 긴장감은 반복되는 행동을 통해 그 환경에 익숙해져야 해요.

저는 9평 이후로는 거의 교실 책상에서만 공부했고 시간표도 수능이랑 똑같이 맞춰서 지냈습니다. 그러다 보니 수능 날에도 문제 풀 때 평소랑 비슷하다는 생각으로 그저 문제에만 집중할 수 있었어요. 저도 평가원은커녕 일주일에 두 번 실전 모의고사를 볼 때도 과민성 대장증후군이 올 만큼 긴장했었는데, 매일 시험 보듯 연습하니 당일에 훨씬 여유 있게 시험 볼 수 있었습니다. 학생에게도 평소 자습과 시험의 괴리를 줄이는 것을 추천해 드려요.

Q. 노베*인데 무엇부터 할까요?

노베이스라서 뭐 먼저 해야 할지 모르겠어요. -박○승

---

* '노베이스'의 준말.

A. 예전에는 '노베'라는 말을 참 싫어했어요. 자신이 뭐가 부족한지조차 분석하기 귀찮아서 그저 '노베이스'로 포장하고 싶어하는 것 같이 보여서요. 그런데 워낙 이런 질문이 많고 특히 수능 직후 예비 고3입장에서는 평가원은 뭔지, 기출은 뭔지, 왜 그렇게 분석하라고 하는 건지, 분석은 어떻게 하는 건지, 국어는 그냥 타고나야 하는 게 아닌지 등등 막막한 기분도 이해하는지라 이제는 이에 맞춰서 답변드리곤 합니다.

국어도 수학처럼 개념이 존재해요.
글을 올바르게 독해하는 방법이 있고 문제 풀 때 주의해야 할 점들이 정해져 있죠.

그리고 그 개념은 평가원이 출제한 6월 모의고사, 9월 모의고사, 그리고 수능을 가지고 배웁니다. 평가원 글이 가장 윤문이 잘된 글이고 기출은 반복되거든요.

또 예전처럼 글만 읽고 베껴 쓰고 개념 개념 하는 시대가 아니에요. 양질의 자료가 넘쳐나는 정보의 시대인데, 굳이 다 외면하고 책만 파고드는 것은 너무 비효율적이죠. 인터넷 강의, 방과 후 수업, 학원 수업, 과외, 개념서 등을 가지고 스스로 개념 강의를 들어보세요. 그리고 반드시 배운 것을 복습하고 기출에 적용해서 체화하는 과정이 필요합니다.

지금은 좋은 자료가 시중에 너무 많으니, 고민 말고 뭐든 바로 시작하세요. 인강에서는 개념 강의가 되겠지요.

Q. 사설 모의고사는 언제부터 시작하나요? 사설 모의고사는 일주일에 몇 번 푸는 것이 적당한가요? 사설은 어느 정도까지 분석해야 하나요? 오답은 해야 하나요?

저는 모의나 학평 전에 3개년 푸는 것이 일단 기본이라고 생각하거든요.
그런데 주위를 다 보니까 나중에는 사설 모의고사 같은 것도 많이 풀어보고 1주에 최소 몇 개씩은 풀어보는 경우가 많더라고요. 이렇게 모의고사를 많이 풀어야 하는 이유가 있나요? 풀어봐야 한다면 언제쯤 시작하고 양은 얼마나 해야 하나요? -조ㅇ현

A. 9평 후에 시작하면 충분합니다.

9평 후부터는 평소에는 매일 기출로 공부하시고 사설 모의고사는 일주일에 한두 번 정도 낯선 지문 접하고 실전 연습을 하기 위한 용도로만 사용해주세요.

시험지 받으면 연계작품은 뭐가 나왔는지, 화작(언매)에는 무엇이 나왔는지, 독서는 어떤 제재가 나왔는지 와 지문의 난이도 보면서 문제 풀이 순서와 시간 운용 계획을 세우고요. 특히 순서와 시간 배분은 다양하게 하면서 본인에게 맞는 것을 찾아야 합니다.

그리고 모르는 것이 나오면(답이 안 나오면) 쿨 하게 별표치고 넘기는 연습을 반드시 하세요. 현명한 선택이 등급을 가릅니다!

또한 사설은 기출처럼 꼼꼼히 분석할 필요는 없습니다. 간단히 오답하고 해설지와 비교하면서 내가 놓친 부분 점검해 주면 됩니다~

Q. 문제를 풀면 다 맞기는 하는데 항상 주어진 시간보다 더 걸려요.
어떻게 하면 빨라질 수 있을까요?

강의를 들으면서 문제를 풀 때마다 항상 맞기는 하는데 주어지는 시간
보다 시간이 더 걸려요. 어떻게 하면 좀 빨라질 수 있을까요? -김○섭

A. 6평 전까지는 시간 재지 않고 천천히 생각하면서 읽으셔도 됩니다!

정확도와 독해력을 높이는 단계이고 배운 것을 체화하는 단계이니까요.

그리고 시간은, 글을 제대로 읽고 매력적 오답에서 고민하지 않으면 금방 줄어들어요.

글을 제대로 읽으면 시간이 줄어든다는 것은, 앞 문장을 읽고 뒤에 나올 내용을 예측하고 '아, 앞에서 이런 얘기했으니까 이 말이구나.' 하고 문장을 바로바로 이해하면서 읽고 어떤 내용이 나올지 그 구조를 통해 미리 알고 있으니, 글을 제대로 읽으면 시간이 줄어들 수밖에 없어요.

또한 선지를 보고 고민하거나 매력적 오답을 합리화시키지 않고 지문으로 돌아가서 근거를 잡는다면 시간이 아주 많이 줄어듭니다.

그러니, 시간에 너무 강박증 가지지 말고 오래 걸리더라도 최대한 생각하면서 읽고 푸는 연습을 해주세요. 오래 걸린다고 단지 '빨리' 읽어버리기만 하면 오히려 문제 풀 때 왔다 갔다 해서 시간도 더 오래 걸리고 정확도도 떨어집니다.

- -

+ 그럼 시간 재고 풀기 시작할 때는 한 지문에 몇 분 잡아야 하나?

시간은 지문마다, 갈래마다, 문제 수에 따라, 난이도에 따라 다릅니다. 보통 문제집에 '소요시간 몇 분'이라고 위에 써 있으니 참고하시고요.

안 써 있는 문제집이라면 **어려운 지문은 11분, 쉬운 지문은 6분 잡으면 됩니다.**

> **Q.** 수능 당일에 시험 보기 직전에는 무슨 지문을 봐야 해요? 책은 뭘 가져 가야 해요?
>
> 아침에 올해 평가원 예열지문*을 가져갈 건데 어떤 지문을 보면 좋을까요? 추천해주세요. 그리고 지문에 딸린 문제까지 푸는 게 좋을까요? -강○연

---

* 예열지문은 머리를 예열하기 위한 지문을 일컫는 말이다. 수능 당일에 처음 맞이하는 문제가 국어 문제인데, 아침 8시 40분에 긴장한 상태로는 바로 글자가 눈에 안 들어올 수 있다. 그래서 좋은 컨디션으로 머리를 회전시키기 위해 시험 보기 전에 예열지문을 읽는 것이 좋다.

A. 예열 지문은 말 그대로 머리를 달궈 놓는 용이기 때문에, 너무 많은 에너지를 요구하는 지문은 추천하지 않아요. 딱 8시 40분 되면 80분을 풀로 집중해야 하니까요.

지문은 올해 평가원 기출 지문 중 하나+ 내가 개인적으로 어려워했던 지문 하나를 가져가면 됩니다. 물론 그 지문들은 전날 미리 보고 자야 해요. 당일날 갑자기 안 읽히면 자신감이 떨어지고 더 불안해지기 때문에 미리 그 지문들을 읽고 표시도 해 놓고 다음 날 가볍게 읽으시면 됩니다.

또한 수능 직전에 문제를 막 푸는 것은 추천하지 않아요. 문제 풀이보다는 에이포 용지 한두 장 정도로 된 나만의 '정리본'을 읽고 문제 풀이가 꼭 하고 싶다면 그해 평가원 문제 중 선택과목 한 세트 정도만 풀어주세요.

그리고 '정리본'은 미리 영역별로 수능 당일날 시험 직전에 꼭 다시 읽어서 리마인드해야겠다 싶은 것들을 적어서 가져가면 됩니다.

예를 들어 저는 A4용지 한 장 안에 화작/문법/비문학/문학으로 나눠서 각각 오답노트/실수노트에서 자주 틀리는 부분과 '~게 고치자' 하는 걸 적었고 문법 중에서 자주 헷갈렸던 개념 간단히 요약했어요. 그리고 포스트잇에 나에게 쓴 편지를 적어서 붙였습니다. 시험 직전, 직후에 미리 적어놓은 포스트잇 읽으면 마음이 편해져요.

Q. 분명 오늘 할 일은 다 끝냈는데, 새로 배웠다는 느낌이 없어요. 다음날 되면 전날 무슨 공부 했는지도 기억 안 나고 시간만 흘러가는 것 같아요.

안녕하세요. 저는 재수생인데요. 분명 플래너에 오늘 할 일을 다 끝냈고 공부도 많이 했는데 뭔가 새로 배웠다는 느낌이 없고 시간만 가는 기분이에요. 그냥 기계처럼 인강 듣고 문제 풀고 오답하는 것만 반복하는 느낌..? 심지어 다음날 되면 전날 뭘 배웠는지 기억도 안 나요. 집중하는 법도 까먹은 것 같고 하루종일 멍해요. -이○형

A. 주로 N수생이 많이 겪는 일인데요. 저도 재수하면서 겪었던 고민이기도 해요.

'타성에 젖은 공부'라고도 하죠? 그저 남들이 하니까, 보통 이렇게 하니까 그저 인강 듣고 복습하고 문제 풀고 오답하기를 반복하게 되는데 절대 이런 식으로 공부하면 안 됩니다. 머리에 남는 게 없으니까요.

그래서 제가 생각한 방안은 두 가지인데,
1. **항상 새로운 것을 배우려고 노력하기**- 한 지문을 풀면 여기서 가져갈 점을 생각하기 '아~'를 외치며 공부하는 거죠.
2. **자기 전 플래너에 과목별로 새롭게 알게 된 점 간단히 쓰기**

입니다. 1번은 항상 가져야 하는 태도이고 2번은 복습 효과도 있고 내가 하루를 알차게 보냈다는 뿌듯함도 있으니 추천해요.

Q. 공부해야 하는데 체력이 안 좋아서, 자꾸 아파서 너무 힘들어요. 이럴 땐 어떻게 해야 하나요? -김○이, 정○롬, 성○지

A. 이런 고민들이 많다는 사실 자체가 씁쓸하고 속상하기도 합니다. 답은 나와 있는데 공부 시간을 빼앗길까봐, 공부 계획이 흐트러져서, 나만 뒤처질 것 같아서 선뜻 행동하지 못하는 듯해서요.

답은 너무 간단합니다. 몸이 신호를 보내면 응해야 해요. **병원 가고 운동하세요.**

체력이 부족하다면 하루에 30분 정도는 가벼운 운동을 하시고, 영양제랑 밥 잘 챙겨 드세요. 하루에 수면시간도 충분히 보장해야 합니다. 6시간 반 정도는 자야 해요. 가벼운 운동은 예를 들어 저는 집 앞에 스트레칭 운동기구가 있는 작은 공원에서 스트레칭했어요. 매일 가벼운 운동이 정신적으로도 도움이 많이 됩니다. 일요일 오후에 한 번씩 친구들과 축구, 농구 하면서 쭉 땀 빼는 것도 좋아요.

아프면 제발 병원에 가세요. 병원 가는 것이 가장 시간 아끼는 방법이에요. 오래도록 미약한 컨디션으로 공부하는 것보다 하루 이틀 약 먹고 쉬고 나아서 좋은 컨디션으로 공부하는 것이 더 효율적이에요. 그리고 이런 효율을 따시기 전에 아픈데 꾹 참고 공부하는 것 정말 서럽고 공부도 잘 안 됩니다ㅠㅠ

+ 수험생활과 관련된 고질병 중에 생각보다 간단한 약 처방으로 해결되는 병들이 많아요. 예를 들어 저는 과민성 대장 증후군이 있어서 항상 모의고사 보는 날에 배가 아팠는데, 병원에 말씀드리니 약 미리 처방해 주셨어요. 그래서 모의고사 보는 날마다, 수능 날 아침에도 약 한 알 먹고 시험 봤어요. 저에게는 효과가 아주 좋아서 배 편안하게 시험 볼 수 있었어요.

여학생들은 스트레스 받으면 생리통이 심해질 때가 많은데, 그냥 참지 말고 약 드세요. 약 먹고 한두 시간 핫팩 대고 자고 일어나는 게 좋습니다.

오래 앉아 있어서 허리 아픈 학생들! 저는 허리 아플 때 키다리 책상에 서서 공부하며 버텼는데 시간이 야속하게, 한의원 가서 침 맞으니까 바로 나았습니다. 물론 허리 아픈 것은 자세와도 관련된 고질병이라, 한 번으로는 안 되고 격일로 한의원 가서 침 맞고 병원 가서 물리치료 받았어요.

병원 가는 시간 너무 아까워하지 마세요. 저는 병원 갈 때, 그리고 치료 받는 시간 동안 아랍어 단어장 가져가서 아랍어 외웠어요. 제2외국어나 영어 단어장 가져가서 외우면서 치료 받으시면 됩니다. 특이한 상황에서 외워서 그런지 암기도 잘 되고요ㅎㅎ

Q. 너무 불안해서 공부가 안 되는데 어쩌죠?

저 공부를 시작한 지 얼마 안 됐는데 너무 불안해요. 아 물론 제가 늦게 시작했으니까 다 감수하고 더 열심히 해야 되는데 독재하고 있거든요. 3월부터 공부를 시작한다고 했는데 습관이 없어서인가 한 달을 통으로 날려버린 기분에 매일 매일 답답해요. 인강이 제 성적을 올려줄 수는 없으니까 인강 선생님들이 하라는 대로 차근차근 하나씩 하고 있는데 제가 기초가 탄탄한 재수생들을 이길 수 있을까 그리고 제가 날려버린 그 5개월들을 따라잡을 수 있을까 생각하면 답답해 미치겠어요.

제가 저를 못 믿어서 그런 걸까요? 재수는 공부 잘하는 애들이 하는 거라는 소리 들으면 진짜 진 빠지고 그냥 다 포기하고 싶어요. 아직 시작한 지 얼마 되지도 않았으면서 벌써 포기하려는 제가 너무 한심하고 진짜 치대가 가고 싶어서 재수를 하겠다고 한 건지 아니면 걍 나약해 빠진 건지도 모르겠어요. 그냥 속상해요. 밥도 먹기 싫어요. 공부할 시간이 없어서 제가 저 친구들보다 더 열심히 살아야 되니까요. 제가 더 많이 보고 많이 풀어야 되는데 너무 답답해서 한강이라도 혼자 가서 한 번만 돌다 오고 싶은데 너무 머니까 호수공원이라도 가서 한 바퀴 돌다 와도 될까요?? 공부도 안 되어있는 제가 그럴 자격이 있는지 그 시간에 공부를 더 해야 되는 건 아닌지 속상해요. -김○은

A. 불안감, 떨림은 어떻게 하더라도 드는 자연스러운 감정이에요.

공부를 하면 하는 대로 '이만큼이나 했는데, 못해도 2등급은 나와야 하지 않을까?' 하는 생각에 불안해지고 공부를 안 하면 안 하는 대로 '공부 안 하는데 어쩌지?' 하는 생각에 불안해져요.

이렇듯 어차피 불안한 감정은 누구에게나 조금씩 있으니, 제가 생각하는 최선은 공부해서 모르는 것들 차근차근 메꿔나가면서 불안감을 조금씩 상쇄시키는 거예요.

'수능 전까지만 알면 된다. 결국 수능장에서 맞추는 사람이 승자다.'라는 생각이 있어야 문제를 틀려도 불안한 마음이 줄어들고요.

Q. 문제집 추천해주세요!

점점 개념 강의 완강이 가까워져서 기출 문제집을 사려고 하는데 시중에 있는 기출 문제집들이 워낙에 많아서 어떤 문제집을 사야 할지 잘 모르겠습니다. 어떤 기출 문제집이 좋으셨는지 추천해 주실 수 있으신가요? -나○지

선생님! 제가 개념 강의 들으면서 문학 문제집 하나 풀려고 하는데 혹시 어떤 문제집이 좋은지 추천해 주실 수 있으신가요? -전○철

A. 독서는 제재별로 나뉜 것, 문학은 갈래별로 나뉜 것, 그리고 모든 문제집은 반드시 해설지가 자세한 것을 추천해드립니다. (모의고사 형식도 괜찮습니다. 그저 제 개인적인 의견이에요.)

하루에 두 제재, 두 갈래 정도씩 풀고 분석하면 됩니다. (ex 독서 인문+과학/ 현대시+고전소설)

제가 제재별, 갈래별로 나뉜 문제집을 추천해 드리는 이유는 본인이 약한 제재, 약한 갈래에 집중할 수 있고 제재별로 갈래별로 접근법을 쉽게 체화할 수 있기 때문이에요. 섞어서 풀면 감을 유지하기에도 좋고요.

어차피 시중의 기출 문제집은 모두 평가원 기출문제로 이루어진 것이라서 결국 문제집은 구성과 해설지 싸움이에요. 그러니 서점 가서 구성과 해설지를 보시고 학생이 마음에 드는 문제집 구매하는 것이 좋습니다.

이때 해설지가 자세하다는 것은, 그저 정답인 이유, 오답인 이유만 적혀있는 것이 아니라 지문의 해설(이 지문을 읽고 어떤 생각을 했어야 하는지, 어떻게 독해해야 하는지의 해설)과 매력적 오답 해설(학생들이 왜 많이 틀렸는지)까지 들어있는 문제집을 의미합니다. 선지별 선택률까지 있으면 더욱 좋겠지요.

Q. '수미잡'이라는 걸 아는데도 사설 모의고사에서 점수가 안 나오면 너무 멘탈이 흔들리고 불안해요.

안녕하세요. 제 큰 문제는 아무리 해도 성적이 오르지 않는다는 거예요, 전과목 다… 9평을 기대하며 공부했는데 9평 2주 전 코로나 사태로 집에서 강제 자습을 하게 되면서 거의 놀았고 그 바람에 9평 성적이 54455가 나오긴 했어요. 하지만 10월에 사설 모의고사에서 국어 9평 55점에서 사설 10월 81점이 나왔고 영어는 3등급으로 올라서 한 달 조금 넘는 시간 동안 정말 힘들고 지치고 거의 안 될 거라는 생각으로 공부하다가 처음으로 힘을 얻어서 공부했는데 어제 본 사설 모의고사 성적을 보니 난이도가 너무 쉬웠던 건지 보정을 해서도 4등급이더라고요 적어도 3등급은 나올 줄 알았는데..
모의고사 성적에 일희일비하지 말라고 하지만 여태 본 모의고사에서 단 한 번도 성적 상승세가 보이질 않으니 이만하면 누구나 일희일비하게 될 거라는 생각도 들어요. 이젠 정말 지친 것 같고 그냥 다 끝나버렸으면 좋겠어요. 잘 볼 용기도 확신도 생기지 않고 하루하루 공부하는 게 너무 지쳐요. 삼수생인데 10월까지 4-5등급이라고 하니까 스스로가 너무 한심하기도 하고 억울하기도 해요. 이젠 어떻게 해야 할까요. 정말 아무것도 모르겠어요. -박○민

너무 불안하다. 사설 점수가 심하면 60점, 70점, 80점, 90점 에스컬레이터로 진동을 한다. 사설틱하다는 걸 알지만 너무 불안하고 일희일비하게 된다. 그냥 전 과목이 사실 불안하다. 작년엔 안 이랬는데……. 여러 가지로 조언 부탁드립니다. -윤○원

A. 제발 모의고사 '점수놀이'에 빠지지 마세요. 그리고 몇 개 틀렸는지, 몇 점인지에 일희일비하지 마세요!

당연한 이야기 같지만, 수능까지 가져가야 할 아주 중요한 마인드입니다.

저는 '모의고사 점수놀이에 빠지지 말자.'라는 말을 오답 노트 맨 앞에 적어놓고 계속해서 리마인드했어요.

점수보다 내가 왜 틀렸는지, 왜 이걸 골랐으며 왜 이렇게 생각하면 안 되는지, 그럼 결국 수능장에서 같은 이유로 안 틀리려면 어떻게 해야 하는지에 집중했어요.

궁극적으로는 '아, 수능 전에 알았으니 다행이다.' 이런 마인드를 가지고 억지로라도 기분 좋게 오답하고 가져갈 점 챙겨서 털어버리세요.

Q. 플래너는 어떤 것이 좋을까요? 그리고 어떻게 작성해야 하나요?

안녕하세요! 강의 수강 중인 고2 학생입니다.

중학생 때 플래너를 짜면 공부를 더 효율적으로 할 수 있겠다 싶어서 플래너를 사 본 적이 있었어요. 플래너를 사고 막상 해 보려니까 들고 다니기도 힘들고, 어렵더라고요. (날짜도 써져 있지 않아서 하나하나 쓰기가 너무 귀찮았어요.)

고1 때는 포스트잇에 오늘 할 것들을 쓰기로 바꿨는데 쉽게 찢어지고 플래너 짜는 맛이 없는 등 문제점이 있더라고요.

그래서 이번에 플래너를 사려고 하는데 예전부터 플래너를 사용하신 선배님으로서 추천해 주실 플래너가 있을까요? 그리고 플래너는 어떻게 써야 하나요? -김ㅇ인

A. 플래너 종류는 자신한테 맞는 것으로 구매하면 되고 매일 애정을 가지고 봐야 하는 만큼, 디자인도 마음에 드는 것으로 구매하세요. 요즘은 무료로 배포하는 플래너도 퀄리티가 아주 좋더라고요.

종류는

1. 시간을 허투루 쓰는 것 같아서 시간을 과목별로 재면서 공부하고 싶다→텐미닛 플래너

2. 너무 시간에 구속받는 게 스트레스면→빈 공란만 있는 플래너

3. 내가 오늘 뭘 배웠는지, 느낀 점을 같이 쓰고 싶으면→밑에 공란이 큰 스터디 플래너(배운 점을 따로 적는 칸이 있는 플래너도 있어요)

이렇게 고르시면 됩니다. 저는 개인적으로 3번을 추천해요.

어떤 플래너든지 간에 반드시 지켜야 하는 것은

1. 과목별 시간 밸런스 맞추기

2. 매일 전 과목 공부하기(전 과목이 어렵다면 적어도 국영수탐1은 하기)

3. 할 수 있는 것보다 조금 더 타이트하게 목표를 세우고, 다 이루기

4. 못 이뤘다면, 그걸 메꿀 시간을 만들어서 메꾸기 (ex 휴식하기로 했던 일요일 오후)

입니다!

그리고 욕을 쓰면서 자신의 심정을 털어놔도 좋으니, 플래너만큼은 솔직하게 써주세요.

Q. 하루에 몇 시간 자야 하나요? 그리고 졸릴 때 어떻게 깨나요?

아침에 선생님 강의를 듣는데 문제풀이 시간에 고요해지면 졸려도 버티고 있던 게 무너지는 거처럼 잠이 미친 듯이 와요ㅠㅠㅠ 의지로 이겨내야 하는데 결국엔 꾸벅꾸벅 졸다가 그 시간이 끝나요.
혼자서 문학 교재를 풀 때도 잠이 쏟아져서 중간에 잠들어요. 제가 6시간은 자는데 수면 부족은 아닌 거 같고 왜 이럴까요? 아침잠에서 벗어나질 못해서 이러는 걸까요.
졸릴 때 잠 깰 수 있는 방법이 있으시다면 좀만 알려주세요. 뭐든 할게요..ㅠㅠ 이러다 수능장에서도 졸까 봐 너무 걱정이에요
눈 한번 감았다 뜬 건데 30분이 지나있고 그래요ㅠ ─김○하

A. 수면시간은 진리의 사바사*입니다!
(질문한 학생은 밤에 6시간보다는 더 자야 합니다.)

저는 밤에 6시간+낮에 5시40분부터 6시까지 20분 낮잠 잤어요. 밤에 6시간은 우리 수면 사이클이 1시간 반 주기라서, 6시간 자고 일어날 때 상쾌해서 그렇고요.
낮잠을 그때 잔 이유는 5시 40분이 수능 끝나는 시간이고 6시에

---

* 사바사=사람 by 사람. 'Case by case'에서 유래한 말로, 사람마다 다르다는 뜻이다.

밥 먹기 전에 잠깐 자고 일어나서 두 번째 하루를 시작하기 위함이에요. 이틀 같은 하루를 알차게 보내는 거죠. 시작하는 거예요.

오전 8시부터 오후 5시 40분까지 수능 시간표에 맞춰서 공부하고 낮잠 자고 일어나서는 밤 12시까지 두 번째 하루를 사는 거죠. 이틀 같은 하루를 사는 것이 목표였고 실제로 낮잠 10분, 20분이 큰 힘이 되거든요ㅎㅎ 근데 이건 개인적인 경험담이고 실제로는 5시간만 자도 쌩쌩한 친구가 있고 최소 8시간은 자야 하는 친구가 있어요. 수면시간을 줄여서 공부 시간을 늘리지 마시고 깨어있는 시간에만 집중하세요!

그런데 꼭 지켜야 할 건 수능시간이에요. 밤낮이 바뀐 친구들, 밤에 집중된다고 하는 친구들 많은데 절대 안 됩니다! 낮에 엎드려서 자는 시간이랑 수면의 퀄리티가 완전히 달라요. 적어도 새벽 1시 전에는 주무시고 오전 7시에는 깨어나세요!!

- -

+ 낮에 눈만 감았는데 잠들고, 잠든지도 모르게 잠드는 학생들에게, 눈 감았다 떴는데 30분이 지나있는 건 그냥 졸린 것보다 수면시간이 자신한테 부족할 가능성이 커요ㅠㅠ

일단 지금 자는 시간이 본인에게 맞는 수면시간인지 확인하세요. 제가 고3 때 딱 그랬는데, 알고 보니 밤에 너무 조금 자서 그런 거였어요. 그런데 시간을 재 보니 낮에 졸고 집중 못 하는 시간을 생각해보면 차라리 밤에 푹 자고 낮에 집중하는 것이 훨씬 효율적이더라고요.

그러고 나서도 너무 졸리면 일어서서 공부하고, 졸린 아침에 좋아하는 인강 듣고, 커피도 마시고, 스트레칭도 하세요.

Q. 하루에 순수 공부시간 몇 시간 나와야 하나요?

안녕하세요 선생님 하루 7시간 공부를 해야지 좋은 대학을 간다고 하는데 학교 끝나고 집에 와서 인강 듣고 과외하고 공부하면 도저히 순공시간이 7시간이 안 나고, 많이 나 봐야 3-4시간인데 3-4시간으로는 부족할까요? 공부시간을 늘리려면 잠을 안 자는 방법밖에 없어요 ㅠㅠ.. -이O성

재수하면서 공부시간 때문에 고민인데요ㅠㅠㅠ
아침 9시 반쯤에 독서실에 도착하면 그날 계획을 다 하고 집에 온다 쳤을 때 대충 7-8시 사이에 집에 오거든요.
뭔가 1, 2월에 과목별로 계획을 세운 대로 하고는 있는데 집에 오면 자기 전까지 남는 시간동안 이게 제대로 하고 있는 건지 모르겠어서요.
하루에 어느 정도로 공부를 해야 하는 건가요? 3월 이후부턴 어떤 식으로 해야 할지 잘 모르겠어요ㅠ -최O윤

A.   이것도 진리의 사바사입니다!

인강 듣는 시간 포함해서 하루에 14시간씩 공부하는 사람도 있는가 하면, 7-8시간만 공부하는 사람도 있어요. 그래도 하루에 10시간 이상은 해야겠죠!

특히 학교 다니거나 재종 학원 다니는 친구들은 쉬는 시간, 식사 시간, 이동 시간 등 자투리 시간을 이용해서 공부하는 게 좋아요. 예를 들어 영어 단어를 암기하는 거죠.

순공시간 자체에 너무 집착하지 마시고,
짧은 시간이더라도 얼마나 밀도 있게 쓰냐를 생각해서, 집중해서 공부하세요.

Q. 원치 않는 스트레스를 받는데 어떡하죠? (ex 친구, 학원, 공부 환경)

저희 반이 전문대만 거의 반 정도 생각하고 있는 정시엔 거리가 먼 반인데요. 저는 아예 수능이어서 지금 무척 예민하고 한 교시 교시가 아까운데 애들이 7교시 때 너무 시끄러워서 옆 반 갔는데 파스타 시켜서 먹고 있는 거예요. 야자할 거면 화 안 내는데 7교시 자습시간에 그렇게 먹고 놀고 간 거예요, 너무 화나고 속상하고ㅜㅜ 하 그래서 7교시 전에 가려고 생각했는데 그러면 석식을 못 먹거든요 .집에서 먹을까 생각해 봤는데 차려줄 분도 안 계시고 그렇게 하게 되면 두 시간은 다 까먹을 거 같아서 못 하겠어요. 담임선생님도 반에 딱히 관심 없어 보이고 너무 화나고 짜증나고ㅜㅜ 진짜 어떻게 해야 하죠? 이런 걸로 스트레스 받으면 안 되는 거 아는데 너무 짜증나요ㅜㅜ 진짜 자기들만 생각하고ㅜㅜㅜㅜ −이○성

조교님… 저 좀 도와주세요ㅜㅜ
집에서 거리가 15분 거리라서 독재학원을 잘 다니고 있었어요. 같은 학교 남자애들이 오는 건 그러려니 싫었는데 제가 진짜 싫어하는 애가 온다는데 지금 너무 걱정이에요 더 시끄러워질 걸 생각하니까요ㅜㅜ 안 그래도 학원에 같은 고등학교 애들 때문에 혼란스러운데ㅜㅜ 이렇게 계속 꾹 참고 4개월 버틸 것인지 아니면 근처 독서실에서 공부할 것인지 진짜 어떡하죠? 독재 경험 있는 조교님들 진짜 이런 상황 어떡해요? 하반기 잘 보내야 하는데 너무 걱정돼요. 독서실 갔다가 망하면 어떡하지 이런 생각이ㅜㅜㅜㅜ 다른 독재학원으로

A. 저도 그랬고, 생각보다 정말 많은 학생들이 고민하는 부분이에요.
특히 6평, 9평을 기점으로 어수선한 분위기가 많이 형성되더라
고요. 시간이 지날수록, 수시 발표가 날 때마다 더 심해질 거예요.

쉬는 시간이나 점심시간 아껴서 나만 혼자 귀마개 끼고 공부할
때면, '왜 나만 이러고 있지?'라는 생각에 우울해질 수도 있어요.
근데 그런 학생들이 대학을 가는 거예요.

친구 관계를 다 끊으라는 얘기가 아닙니다. 저는 친구랑 서로
도움을 주는 관계로 남으려고 노력했어요. 서로 졸면 깨워주고 각
자 묵묵히 공부하다가 가끔 산책하면서 스트레스 풀고 매점도 가
고ㅎㅎ 재수할 때는 서로 하루 끝나고 플래너 검사하면서 몇 시
간 이상 공부하기 내기도 하고 그랬어요. 친구랑 지낼 때도 이렇
게 서로에게 좋은 영향을 줄 수 있도록 노력해보세요. 그리고 나
중에는 아예 혼자 다녔는데, 그땐 인간관계에서는 스트레스 받고
싶지 않아서 속으로 삼키면서 공부했어요. n수생은 많이 공감할
거예요.

그리고 분명 공부를 하는 환경에서 마음에 안 드는 부분들이
있을 수 있어요. 선생님, 친구들, 환경, 분위기 등등... 그런데 저도

그랬고 또 수험생들 얘기를 들어보면 완벽하게 만족하는 환경에서 공부하는 사람은 없어요. 내가 바꿀 수 없는 부분들- (ex 집과 먼 위치에 있는 학원) 이런 건 바꿀 수 없죠. 하지만 내가 할 수 있는 최선은 다 해 보세요. 학원 에어컨 온도가 마음에 안 들면 건의하고, 너무 시끄러우면 선생님께 말씀 드리고 나만의 자습 공간을 마련하는 식으로요. 그러니 주어진 환경 내에서 최선을 다하는 것이 가장 중요한 것 같아요.

Q. 수험생활에서 정체기가 올 때, 공부하기 너무 싫을 때, 공부가 안될 때, 내가 슬럼프에 빠져있다고 느낄 때, 저는 어쩌죠? 따끔하게 쓴소리 해주세요.

안녕하세요 선생님 저는 정시를 바라보고있는 고3입니다. 요즘 저에게 느껴지는 우울함과 무기력함 때문에 선생님께 고민상담 큐엔에이를 남겨요.

저는 1, 2학년에는 뻉뻉 놀다가 올해부터 공부를 시작했어요. 그래서 저는 공부하는 방법, 집중도, 개념 등이 다른 친구들보다 현저히 떨어진다고 생각해서 뒤처지더라도 정신 차리고 나한테 집중해서 공부하자는 마음으로 규칙적인 생활을 하면서 공부하려고 했어요. 11시에 자서 4시, 늦으면 5시에 일어나서 아침 공부도 하고 등하교 할 때는 틈새 운동한다치고 달리기로 등하교를 했어요. 이때는 제가 정말 열심히 살고 하루하루가 상쾌하고 힘찬 느낌이 있었고 저 스스로 제가 기대되는 느낌? 성장하는 느낌? 뭔가 내가 열심히 살고 있구나라고 저 스스로 느꼈어요.

그런데 학교 시험시간이 다가오면서부터 숨고 있었던 저의 의지 부족과 나태함이 다시 나타나기 시작했어요..ㅠㅠ 다른 친구들이 학교에서 공부를 할 때 저와는 상관없는 시험이라고 생각하고 (쉬면 안 될 걸 알면서도) 쉬어도 될것만 같아서 하루만 쉴까? 하고 쉬어버렸더니 공부 흐름을 잃게 되고, 내가 이러면 안 되는데.. 다른 애들은 다 공부하고 있는데 왜 나는 쉬고 있지?, 난 지금 이 상태가 너무 편해.

이 생각 반반으로 약 3주를 누워서 핸드폰 하며 시간을 버렸어요. 그 3주 동안 정말 뇌가 아무것도 채워지지 않은 빈 공간 같이 뇌가 텅텅 비어서 삶을 사는데 아무 생각이 없었고 감정도 없었어요. 기쁘지도 않고 슬프지도 않고, 하고 싶은 것도 없고 먹고 싶은 것도 없고.. 그냥 정말 말 그대로 아무 생각 없이 기계처럼 누워서 핸드폰만 했어요.

이걸 정체기라고 해야 할지 뭐라고 해야 할지.. 아직 개념도 다 끝내지 못했고 한참 나가야 하는데 이렇게 3주를 버려버렸으니 아 내가 뭐하고 있지.. 빨리 끝내야 하는데 다른 애들이랑 더 뒤처지고 있네 생각도 들고 그래요. 이제 다시 정신 차리고 다시 공부 시작하려고 하는데 또 이런 상황이 일어나면 어떡하죠? 지금 쓰고 있으면서 느끼는 건데 제가 저를 스스로 제어하고 조절하는 능력이 부족한 거 같네요.

의지박약과 나태함 만땅인 저에게 정신 차리라고 따끔한 한마디 해주실 수 있을까요? 그리고 자기 스스로 자신을 통제하는 방법, 우울감, 무기력함에서 나오는 방법에 대해서 알려주시면 정말 감사하겠습니다. 김○언

 A. 제 얘기를 해볼게요.

저도 재수할 때 그런 시기가 있었는데, 3일 정도 정말 아무것도 안 하고 놀고 핸드폰하다가 자고 하다 보니 이러면 안 되겠다는 생각이 들었어요. 그런데 바로 공부를 시작하기가 어려워서 선배들 나와서 공부 자극해 주는 영상들 찾아보면서 꾸역꾸역 자리에 앉았어요. 그러고는 제 플래너를 펼쳤어요. 하루하루 1분이 아깝

게 열심히 살았더라고요.

돌이켜 보니, 하루는 너무 오래 앉아있어서 허리가 끊어지도록 아파서 스탠딩 책상에서 공부를 하는데 그래도 허리가 너무 아파서 풀썩 주저 앉았어요. 그때 심각성을 깨닫고 그 이후로 3일에 한 번씩 한의원에서 침을 맞고 병원에서 물리치료를 받았는데, 그 시간도 아까워서 항상 아랍어 단어장을 들고 가서 외웠어요. 밥 먹으면서, 화장실에서, 머리 말리면서는 영어 단어를 외웠고요.

그렇게 자투리 시간도 쪼개서 쓰던 내가 시간을 이렇게 날리다니. 지금까지 해온 것들이 아까워서라도 못 그만두겠더라고요. 올해 안 나오면 공부는 내 길이 아닌가 보다. 죽어도 삼수는 못하겠다. 이런 생각으로 다시 앉아서 울면서 공부했어요.

우스갯소리로 이런 말이 있죠. 슬픈 일이 있을 때 합격자는 울면서 공부하지만 탈락한 자는 울기만 한다고……. 합격자가 되겠다는 마음으로 했네요.

참 신기하게도, 거짓말 같겠지만, 공부를 안 하고 놀았던 3일보다 공부를 할 때 마음이 더 편했어요. 머리는 더 아프고 몸은 더 힘들지만 마음은 편했어요. 마음 불편하게 눈치 보며 노는 것보다 공부하는 게 불안감을 완화하는 데 더 좋더라고요.

하루 정도 쉬었으면 됐으니 공부하세요. 그리고 수능 끝나고 마음껏 즐기세요!

참고로 '쓴소리'에 중독된 학생들이 좀 있는데, 본인 성적이 가장 현실적인 쓴소리 아닐까요?^^

부록

9평 4등급→수능 1등급
기적의 공부법

이번에는 어떻게 단기간에 성적이 올랐는지, 실력을 어떻게 점수화시켰는지에 대해 이야기하려고 해요.

1. 공부는 모르는 것을 아는 것으로 만드는 것 by 기출, 오답노트, 실수노트

여러분이 공부를 하다가 내가 제대로 하는 게 맞는지 불안하다면 이 말이 성립하는 공부를 하는지 점검해 보세요. '내가 모르는 것을 아는 것으로 만들고 있는지, 아니면 아는 것만 보면서 애써 안심하고 있는 것인지' 저도 그랬지만 많은 수험생이 너무 불안하다는 이유로 사실은 이미 알고 있던 내용을 강의로 다시 듣고 쉬운 문제, 지문들에서 멈춰 있어요. 어려운 걸 건드렸다가 못 풀 내 모습을 마주하기 싫고 심지어 내가 아는지 모르는지 구분 자체를 못하기도 하겠죠. 하지만 모르는 것을 아는 것으로 만들지 못하면, 결국 수능장에서도 똑같이 아는 건 늘 맞출 거고 모르는 건 끝까지 틀릴 거예요. 그러니까 쉬운 공부를 하면 안 되고 어려운 공부를 해야 해요. 예습-강의 듣기-복습은 정말 최소한의 당연한, 너무 쉬운 공부인데 학생들 질문 받다 보면 대부분 이 단계에 멈춰있어요. 지금이 겨울 방학도 아니고 이제 수험생활의 절반이 끝났는데 아직도 여기에 머물러 있으면서 공부하고 있다는 착각에 빠지면 안 돼요. 그럼 뭘 해야 하느냐?

바로 기출문제에 적용하면서 체화하는 연습과 틀린 문제에 대해 다시는 같은 이유로 다른 문제를 틀리지 않도록 오답노트로 다시 해결책을 체화하는 연습이 필요해요. 전자는 개념 강의에서 배운 개념 자체를 체화하는 것이고 후자는 모르는 것을 아는 것으로 만들면서 실력을 점수화시키는 것이죠.

우선 기출문제에 적용하면서 체화할 때에는 그냥 풀고 채점하기만 해서는 안 돼요. 내가 강의에서 배운 것을 최대한 써먹으면서 생각하면서 풀어야 합니다! 그냥 풀기만 하기에는 평가원 기출 문제가 너무 아깝고 또 같은 문제는 다시는 출제되지 않으니까 기출은 정말 200퍼센트 활용해야 해요. 먼저 분석하고 독해한 뒤에 해설지나 강의와 비교하면서 자신의 사고과정을 점검하고 놓친 부분을 채워 넣어야 해요.

한발 더 나아가면, 그렇게 사고 과정을 교정해 나가면서 '문제에서 요구하는 틀' 내에서 생각하는 걸 길러야 해요. 이때 '문제에서 요구하는 사고'는 너무 생각을 안 하지도, 너무 생각을 많이 하지도 않는 적정 수준이 있더라고요. 저는 항상 너무 많이 생각해서 오독해 버리는 쪽에 속했어요. 특히 비문학에서는 더 심해서 한 문장 가지고 집착하면서 오답을 합리화시키기도 했고 또 비문학에서 교정하니까 문학에서 감을 잃어서 틀리고.. 그걸 끌어올리는 데 꽤나 힘들었어요ㅜㅜ 아마 우리가 말하는 '문제 풀 때 감'이라는 게 이런 부분인 것 같아요. 질문들 중에서 아예 해설지, 강의랑 다르게 해석했다면서 걱정하는 친구들이 있던데 대부분 저와 같은 케이스더라고요. 질문을 읽다 보면 어느 부분에서 '엥? 왜 이게 이렇게 연결되지?' 싶은 논리적 비약이나 지문에는 나오지 않은 정보를 끼워 넣거나 이미 전제부터 틀려서 결론이 틀리거나.. 이런 문제점은 당연히 오답노트하면서 내가 왜 이렇게 생각해서 이 선지를 골랐는지 정리하고, 왜 그렇게 생각하면 안 되는지를 정리하고, 해설지와 비교하면서 요구하는 틀 내에서 생각해 줘야 해요.

마지막으로 오답노트와 실수노트는 많이 들어봤을 텐데, 이제는 많은 학생들이 기특하게도 오답노트를 쓰긴 해요! 추가로 제가 꼭 해주고 싶은 얘기는, 손목 운동하지 말고 다시는 같은 이유로 다른 문제를 안 틀리려면 어떻게 해야 할지 구체적인 해결책+ 그걸 다시 체화하세요! 너무 예쁘고 또박또박 열심히 길게 쓰는 학생들이 많아요. 근데 그걸 누구한테 보여줘야 하는 것도 아니고 본인만 왜 틀렸는지 알면 돼요. 모의고사는 시험지 선지 옆에 간단하게 메모만 해도 괜찮고, 그게 아니라면 노트에 간단하게 써도 돼요. 그러니까 손이 아픈 공부 말고 머리가 아픈 공부를 해야 하는 거죠. 중요한 건 내가 다시 볼 수 있어야 합니다! 예쁘고 꼼꼼하게 써놓고 다시 안 보는 학생들 너무 많은데, 오답노트에 쌍욕을 쓰더라도 다시 봐야 해요.

그리고 오답노트나 매력적 오답 분석할 때 학생들이 내가/학생들이 왜 골랐는지는 열심히 분석하는데, 내가 이렇게 안 낚이려면 어떻게 해야 할지는 생각을 잘 안 하더라고요. 위에 과정들은 모두 내가 어떻게 해야 할지를 도출해 내기 위한 과정일 뿐이고, 결국 오답노트는 수능에서 내가 안 틀리기 위함이에요. 그러니까 구체적인 해결책을 고민해야겠죠?

여기서 또 제가 과거에 했던 잘못은 손으로 열심히 '마지막 문단을 잘 읽자!', '보기랑 지문 일대일 대응시키자!' 이렇게 말만 하고 실제로 모의고사를 보면 전~혀 써먹지 못했던 거였어요. 체화가 안 된 거죠. 그러니까 마지막 문단을 두 번씩 읽는다거나 부정발문은 선지 옆에 ×자를 쳐놓는다거나 보기 문제 위에 분석이라 쓰고 한 번 쉬고 읽는다거나 하는 체화를 위한 도구를 나름 제시해 본 거죠. 물론 체화가 된 후에는 굳이 쓰지 않았어요. 그때부터는 또 손목운동이니까요! 음.. 이런 건 개인적으로 실수 노트에 정리했어요. 그리고 또 모의고사 보다가 같은 실수를 또 하면 그날에 저녁을 굶었어요. 나름의 벌칙..? 근데 진짜 모의고사 본 날에 밥까지 안 먹으면 너무 서러

워서라도 고쳐져요ㅋㅋㅋㅋ

2. 나한테 맞는 방법 찾기 (ft. 사바사)

　인강 조교가 이런 글을 쓰는 게 조심스럽지만.. 저는 이 마인드를 가지고 나서 비문학을 대하는 태도가 많이 바뀌어서요. 물론 선생님께서 비문학에서 표시하거나 알려주실 때, 도움 되는 방법들이 너무너무 많죠. 하지만 저 같이 소심하고 생각이 너무 많은 학생들은 또 그걸 100프로 따라 하려다가 본질에서 멀어지는 경우가 많아요.

　제가 성적이 하도 오랫동안 3, 4등급에 멈춰있으니 이제는 본질, 즉 글 읽는 방법으로부터 멀어져서 비문학에 표시하는 방법 이런 것에 더 집착하더라고요. 예를 들어, 1문단에 A는 B이라는 개념을 알려주는 문장을 보면 '아 A는 B구나~'하면서 밑줄 치는 게 아니라, '앗, 개념이다 밑줄 쳐야지!' 하면서 밑줄을 쳤어요. 독재학원 선생님께서 제 시험지를 보시고 '표시한 것 보면 만점 같은데 머릿속에는 뭐가 남아 있었니?' 하시더라고요. 그때부터 펜을 내려놓고 다시 글에만 집중했어요. 개념 강의 듣던 때로 다시 돌아가는 거죠. 표시는 정말 최소한의 동그라미나 / 로 끊어주는 것만 하고 내용에 집중했더니 글 구조가 다시 보이고 내용이 눈에 잘 들어오더라고요. 표시는 가독성을 높이고 근거를 빨리 찾기 위한 이정표일 뿐이에요. 내가 이걸 왜 하는지 잊지 말고 본인에게 맞는 방법을 찾으세요:)

3. 멘탈 관리: 틀렸다고? 오히려 좋아.

앞으로 남은 기간 동안, 특히 9평 이후부터는 사설 모의고사가 쏟아져 나올 거예요. 물론 여러분도 많이 풀 거고요. 저도 일주일에 두 번 정도 실전연습을 했는데, 이걸 하지 말라는 게 아니라 모의고사를 본 뒤에 '점수놀이'에 빠지면 안 돼요. 학생들이 자꾸 어떤 문제를 틀렸는지에 대한 고민이 아니라 점수 그 자체에 대한 고민을 하더라고요. 내가 50점을 맞든 100점을 맞든 점수가 중요한 게 아니라, 뭘 틀렸는지가 중요해요. 내가 같은 이유로 또 틀렸는지, 무슨 생각하면서 이 선지를 골랐는지, 왜 답이 아닌지 등 문제 자체에 집중하셔야 해요. 모의고사 점수는 수능 점수가 아니지만, 그 실력은 (안 고치면) 수능까지 가니까요. 그러니까 마인드는 '아, 미쳤다 수능에서도 이렇게 나오면 어쩌지?'가 아니라, '수능이 아니라서 다행이다. 수능 전에 고칠 수 있는 좋은 기회네. 어차피 언젠가 틀릴 거 미리 틀렸네 개이득~' 하면서 오답해야 해요!

여러분, 이제는 A할까 B할까 고민하는 걸 넘어서서 하나를 정하고 쭉 밀고 나가세요. 지금 교육 시장에는 양질의 자료들이 넘쳐나니까 여러분은 한 방향만 잡고 공부만 하면 됩니다. 이 책도 마찬가지죠. 학생들이 가장 많이 묻는 질문과 좋은 질문을 추려 놓은 책이라니.. 고민하고 헛짓거리 하지 말라고 쓴 책이잖아요! 이 책을 읽으며 내 잠시 브레이크를 잡고 내가 지금까지 해온 공부를 쭉 되돌아보고 앞으로 올바른 방향을 잡기를 바랍니다. 지금까지 각자 어떤 시간을 보내왔건 간에 지난 시간을 후회하기보다는 남은 시간이 미래에 후회되는 시간이 되지 않도록, 지금 최선을 다하세요. 항상 응원합니다.

영현 조교님께

김○송

제목	영현 조교님께
작성자	김○송
분류	감사&고민상담
	안녕하세요 영현조교님. 기억하실진 모르겠지만 9평 이후에 조교님께 조언 받고 정말 열심히 공부한 학생입니다ㅜㅜㅜㅜ 수능 전에 짧게나마 감사인사 드리려고 찾아왔어요. (정말 감사해서 드리고 싶은 말씀이 많지만 수능이 얼마 안 남았으니 감사의 마음만 전하고 가겠습니다!)

조교님께서 9평 이후의 마인드와 방향성을 조언해주신 덕분에 저는 9평 후부터 지금까지의 시간을 정말 후회 없이 보냈다고 말할 수 있을 것 같아요. 아침 6시 15분에 일어나서 6시 17분에 바로 정신차리고 앉아서 비문학 구조를 분석하고, 인강을 듣고 체화하고, 많은 기출을 분석하고, 약했던 문법을 확실히 잡고, 경제가 약한 것 같아서 경제 지문들을 모아서 공략하고, 목요일마다 실전 연습을 해서 시간 부족 문제도 완벽하게 해결하고, 자투리 시간마다 ebs 복습하고….. |

1.1 9평 후

안녕하세요 영현조교님. 기억하실진 모르겠지만 9평 이후에 조교님께 조언 받고 정말 열심히 공부한 학생입니다ㅜㅜㅜㅜ 수능 전에 짧게나마 감사인사 드리려고 찾아왔어요. (정말 감사해서 드리고 싶은 말씀이 많지만 수능이 얼마 안 남았으니 감사의 마음만 전하고 가겠습니다!)

조교님께서 9평 이후의 마인드와 방향성을 조언해주신 덕분에 저는 9평 후부터 지금까지의 시간을 정말 후회 없이 보냈다고 말할 수 있을 것 같아요. 아침 6시 15분에 일어나서 6시 17분에 바로 정신차리고 앉아서 비문학 구조를 분석하고, 인강을 듣고 체화하고, 많은 기출을 분석하고, 약했던 문법을 확실히 잡고, 경제가 약한 것 같아서 경제 지문들을 모아서 공략하고, 목요일마다 실전 연습을 해서 시간 부족 문제도 완벽하게 해결하고, 자투리 시간마다 ebs 복습하고..... 이 모든 것들이 수능을 앞둔 지금 제가 근거있는 자신감을 가질 수 있게 해주었습니다. 제가 공부한 시간들을 돌이켜보니 뭔가 흐뭇한...? 기분이 드네요ㅋㅋㅋㅋㅋㅋㅋㅋ

지금 정말 수능이 기다려지고 설레는 마음으로 하루하루를 보내고 있어요. 결과가 잘 나오면 가장 행복하겠지만, 지금 제 마음과 제가 보낸 시간, 노력 자체로도 저는 이미 많은 걸 얻었다고 생각해요. 선생님과 조교님께서 해주신 조언과 알려주신 방법들 덕분에 제가 올바른 방향으로 공부할 수 있었다고 생각합니다.

얘기가 너무 길어지는 것 같아서 이만 마치겠습니다..! 수능 끝나고 좋은 결과와 함께 다시 감사인사 드리러 올게요. 연세대 21학번 후배가 될 수 있게 응원해주시면 감사하겠습니다! 9평 후 해주신 조언 정말 감사합니다ㅠㅠ ㅠㅠㅠㅠㅠㅠ 오늘도 내일도 좋은 하루 되세요 :D !!!!!!!!!!

1.2 수능 후

안녕하세요, 영현조교님! 혹시혹시 기억하실지 모르겠는데 21수능을 준비하며 민정쌤과 영현조교님께 많은 도움을 받았고, 정말 열심히 공부했던 학생입니다.

　저는 수능이 끝난 날 밤에 '만약 내가 논술 6광탈을 하고 삼수를 시작하더라도 나는 내 재수 생활에 후회가 없다'라고 생각했습니다. 이 생각이 들자 수능은 망쳤지만 한편으로는 후련하고 제 자신이 기특하더라고요…ㅎㅎㅎ 특히 9평 이후 매일 6시 15분에 일어나자마자 국어 비문학을 공부하고, 하루종일 공부에 매진하던 그때의 저 자신과 제 하루하루는 정말 반짝반짝했던 것 같아요. 제가 완벽하게 매일매일 공부만 한 건 아니라 '아 조금 더 공부를 할 수 있지 않았을까?'라는 아쉬움은 약간 남지만, 전반적인 재수 생활에 전혀 후회가 남지 않아요. 저는 좋은 선생님을 만나 국어 공부뿐만이 아니라 바른 마인드와 가치관을 배웠고, 내가 이만큼 노력해봤다는 자부심과 자신감도 얻었습니다. 특히 9평 이후 영현조교님께서 해주신 조언과 방향성 덕분에 더 열심히 공부할 수 있었고, 더 성장할 수 있었던 것 같아서 감사한 마음이 정말 큽니다.(ㅠㅠ감사합니다) 남들은 1년을 공부에 투자하느라 '버린 시간'이라고 생각할지 몰라도, 저에겐 많은 가르침을 준, 제 짧은 인생에서 가장 소중한 한 해였다고 자신할 수 있습니다.

　(중략)

　12월 27일 정말 신기하게도 제가 쓴 6개의 대학 중에 가장 높은 대학인 서강대 경영학과에 최초합을 하게 되었습니다. (3303명 중에 42등 안에 들어야 했어서 제일 불가능하다고 생각했던 대학이었어요..ㅠㅠㅠㅠ)

　(중략)

　마지막으로 선생님과 조교님들께 정말 감사하다는 말씀 드리고 싶습니다. 독학재수학원에서 혼자 공부하는 1년 동안, 따뜻한 담임선생님+인생 선배 같은 선생님과 항상 진심어린 조언 해주신 조교님 덕분에 올바른 방향으로, 제 자신을 믿으며 공부할 수 있었어요. 힘들 때마다 밥 먹으면서 조교님

들이 해주신 조언이나 tcc 보면서 다시 의지를 다졌던 기억이 생생하네요,,
ㅎㅎㅎ 특히 9평 이후의 공부로 인해 '후반부의 자신감!'을 심을 수 있게 도
와주신 영현 조교님!! 정말정말 감사드려요. 저도 꼭 선생님과 조교님들처럼
누군가에게 선한 영향력을 주는 사람이 되고 싶습니다. 모두 진심으로 감사
했습니다.

영현 조교님께

임○서

제목	영현 조교님께
작성자	임○서
분류	감사&고민상담
	저번에 재수 수능 끝나고 삼수 시작하면서 글을 썼는데 두번째 글을 7월이 되서야 쓰게 되었네용.. 제가 불안에 떨었던 작년 10월쯤에도, 불확실함때문에 힘들었던 1월에도 조교님의 글이 참 응원이 많이 되었어요.. (사실 1월에도 좋은 말씀 많이 적어주셔서 답장 qna 달고 싶었는데 괜히 바쁘신데 제가 귀찮게 하는 거 같아서 차라리 6평 끝나고 1등급 들고 오자!해서 이제야 왔어요ㅠㅠ)

2.1 6평 후

영현 조교님 안녕하세요 저 기억하시나요...????

저번에 재수 수능 끝나고 삼수 시작하면서 글을 썼는데 두번째 글을 7월이 되서야 쓰게 되었네용..

제가 불안에 떨었던 작년 10월쯤에도, 불확실함 때문에 힘들었던 1월에도 조교님의 글이 참 응원이 많이 되었어요.. (사실 1월에도 좋은 말씀 많이 적어주셔서 답장 qna 달고 싶었는데 괜히 바쁘신데 제가 귀찮게 하는 거 같아서 차라리 6평끝나고 1등급 들고 오자!해서 이제야 왔어요ㅠㅠ)

강의 들을 때 선생님께서 메달 자랑하시면서 조교 언니 중 영현 언니가 선물해줬다고 말씀하시는데 그거 듣고 막 혼자 내적 친밀감 때문에 괜히 신나고,, 거기 부분 북마크 해놓고 그랬어요...ㅎㅎ 머쓱..

저번 글에서 조교님이 너무 수학에만 집중하지 말고 밸런스 있게 공부하라고 하셨던 말씀이 정말 맞았어요.

제가 수학이 너무 불안해서 수학을 하루 공부 시간 중 반 이상 할애하고 거의 7시간 이상씩 했는데 삼수 시작 후 처음으로 본 모의고사에서 국어가 3이 뜨더라고요. 그래서 그때부터 다시 정신 차리고 모든 과목을 밸런스 맞춰서 공부하고 있습니다.

이번 6평 때도 조교님이 알려주신 마인드 컨트롤 방법을 썼어요. 그리고 당연히 당연히 너무 큰 도움이 되었어요! 특히 첫 시간이던 국어가 너무 떨렸는데 (사실 6평 전에 본 사설 모고들이 다 3등급에서 요지부동이었거든요..ㅠ) 실수를 많이 했지만 다행히 93점으로 1등급이 떴습니다. 조교님 정말 감사합니다!

2.2 수능 후

정말 오랜만에 왔어요 ㅎㅎ.... 저는 요즘 그럭저럭 생각이 많은 채로 지냅니다. 제가 원래 생각을 많이 하는 편이긴 해요...ㅎ 그러다가 문득 고마운 사람들을 떠올리게 되었어요. 그리고 큐앤에이 게시판에 조교님께 글 써야겠다고 생각했죵.

저는 이번 수능을 참 아쉽게 끝냈어요. 특히 그 중에서 국어가 가장 아쉬워요. 87점을 받았는데 현재 컷 기준 1등급 딱걸이에요..ㅎ 나머지도 다 1등급 받았습니다. 제가 목표하던 서울대 국교를 쓰기엔 점수가 모자르더라고요.. 그런데 작년엔 12월에 삼수 결정을 내렸지만 지금은 사수라는 것이 무겁기도 하고 그 일년간 버티는 게 너무 무섭기도해서 섣불리 결정을 못 내리고 머리 속에 온갖 생각만 하고 있는 중이에요. 사실 작년처럼 버틸 자신이 없기도 합니다.

조교님 작년 말부터 지금까지 저에게 써주셨던 답변을 얼마나 많이 읽었는지 몰라요. 특히 수험생활 슬럼프 때엔 정말 많은 위안이 되었어요. 저는 교육계열이 꿈인데 조교님 답변을 보며 슬럼프 때, 나도 이렇게 단순히 지식을 알려주는 사람이 아니라 지식은 기본이고 마음까지 헤아려줄 수 있는 위안이 되는 그런 사람이 돼야겠다고 제 꿈을 확실히 할 수 있었어요. 여러모로 감사드립니다. 조교님께도 선생님께도요!

조교님 저는 2년간 독재 학원을 다녀서 뭔가 외로웠어요. 가끔가다 친구를 만나도 대화 몇 마디 나누는 걸로 해소되지 않는 그런 외로움을 항상 느꼈어요. 수험생활은 원래 목표를 향해 홀로 가는 거긴 하지만요...ㅎㅎ 그래도 그럴때마다 선생님의 강의 속 짧고 긴 썰들, 조언들, 그리고 조교님이 남겨주신 걱정과 격려와 위로들이 저를 덜 외롭게 해준 거 같아요. 공부면에서도 멘탈적인 면에서도 참 감사드립니다. 뭔가 되게 구구절절 할 말이 많았는데 글로 쓰니깐 다 안 담기는 느낌이네요ㅎㅎ...그래도 저의 진심이 전해졌으면 좋겠습니다.

선생님께도 2년간 너무나 감사했고 영현조교님도 정말 감사드립니다!

두 분 모두 그리고 조교님들 모두 항상 행복한 일만 가득하셨으면 좋겠어요. 요즘 날씨가 정말 추운데 감기 조심하세요! 감사합니다

저자 이영현

서울에서 태어나 조용히 책 읽는 것을 좋아했다. 그러던 중, 초등학교와 중학교 시절에 미국에서 유학 생활을 하면서 축구와 기타를 좋아하는 활발한 학생으로 자랐다. 고등학교는 경기도 광주에 있는 기독교 학교인 경화여자고등학교를 다녔다. 기숙사에서 여고 생활만의 추억을 쌓으며 치열하게 공부했으나 원하는 성적을 받지 못하고 입시에 실패를 겪었다. 재수하는 1년간 기숙학원, 독서실, 독재학원을 모두 거치며 다양한 방법으로 공부해 원하는 결과를 받았다. 남의 말을 듣는 것보다 직접 손을 데며 뜨거움을 학습하는 성격으로 현재는 연세대학교에서 국어국문학과 신학을 공부하고 있다.

수능국어 백문백답

초판1쇄 인쇄 2021년 7월 2일
초판1쇄 발행 2021년 7월 12일

지은이   이영현
펴낸이   이대현
편집   이태곤 권분옥 문선희 임애정 강윤경
디자인   안혜진 최선주 이경진
마케팅   박태훈 안현진

펴낸곳   도서출판 역락
출판등록 1999년 4월 19일 제303-2002-000014호
주소   서울시 서초구 동광로 46길 6-6 문창빌딩 2층 (우06589)
전화   02-3409-2060
팩스   02-3409-2059
홈페이지   www.youkrackbooks.com
이메일   youkrack@hanmail.net

ISBN 979-11-6742-046-6 53370